mexican light
cocina mexicana ligera

healthy cuisine
for today's cook
para el cocinero actual

NUMBER 3 IN THE GREAT AMERICAN
COOKING SERIES

Kris Rudolph

University of North Texas Press
Denton, Texas

©2006 Kris Rudolph

All rights reserved.
Printed in China.

10 9 8 7 6 5 4 3 2 1

Permissions:
University of North Texas Press
P.O. Box 311336
Denton, TX 76203-1336

The paper used in this book meets the minimum requirements of
the American National Standard for Permanence of Paper for Printed Library Materials,
z39.48.1984. Binding materials have been chosen for durability.

Library of Congress Cataloging-in-Publication Data

Rudolph, Kris. Mexican light = Cocina mexicana ligera : healthy cuisine for today's cook = para el
cocinero actual / Kris Rudolph.
    p. cm. - (Great American cooking series ; no. 3)
  Includes bibliographical references and index.
  ISBN-13: 978-1-57441-218-5 (pbk. : alk. paper)
  ISBN-10: 1-57441-218-3 (pbk. : alk. paper)
  1. Cookery, Mexican. I. Title. II. Series.
  TX716.M4R83 2006 641.5'972-dc22
                              2006014550

Mexican Light: Healthy Cuisine for Today's Cook/ Cocina Mexicana Ligera Para el Cocinero Actual
is Number 3 in the Great American Cooking Series

Initial Book Layout and Artwork: Jane Evans
Translations: Susan Fredin

mexican light
cocina mexicana ligera

healthy cuisine
for today's cook
para el cocinero actual

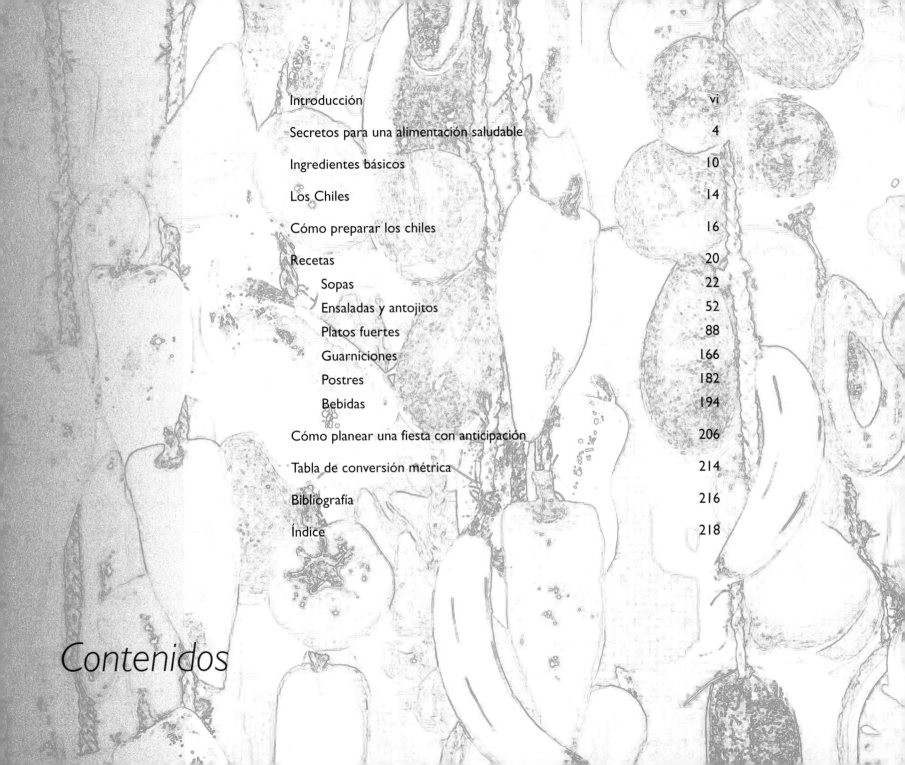

Contenidos

Contents

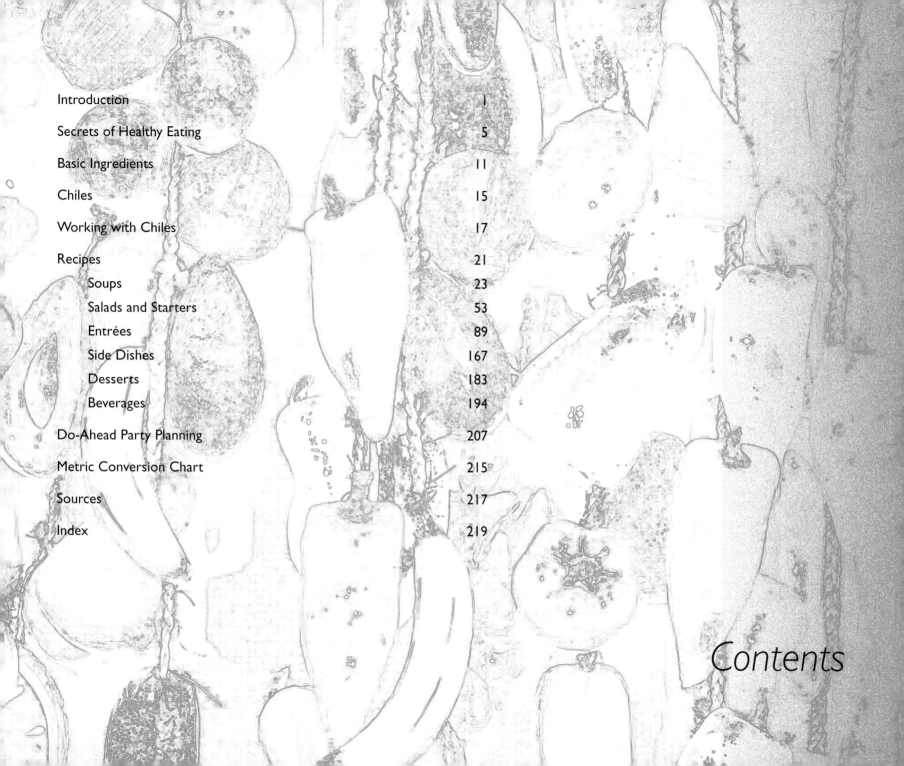

Introducción

Cuando viajo por los Estados Unidos me doy cuenta que existe una idea falsa acerca de la cocina mexicana. Con frecuencia me preguntan: ¿Cómo puedes comer esa comida tan pesada y grasosa todos los días? Muchas ocasiones he salido en defensa de mi bienamada cocina, enseñándole a la gente que lo que comen al norte de la frontera no es necesariamente la auténtica comida Mexicana. Se trata de tex-mex o de cal-mex, que son de hecho estilos culinarios diferentes. Estos estilos fueron introducidos por inmigrantes jóvenes y pobres que rara vez cocinaban antes de salir de sus casas en México. Las cocineras más famosas de las ciudades y los pueblos, que casi siempre eran mujeres, permanecieron en casa, mientras que estos hombres poco refinados se dirigieron al norte en busca de fortuna, abrieron pequeños restaurantes que ofrecían los platillos sencillos y económicos que ellos sabían cocinar. Rara vez servían los ricos moles y pipianes que implican tanto trabajo, y en lugar de ellos ofrecían tacos y enchiladas, platillos que se consumen en hogares pobres y que además son rápidos y fáciles de preparar. Suponer que estos platillos representan toda la comida mexicana es como decir que los estadounidenses sólo comen hamburguesas (comentario que de hecho he escuchado de boca de algunos europeos).

Mi conocimiento de la cocina Mexicana empezó en los restaurantes tex-mex de Houston, donde todos los menús ofrecían crujientes tacos de res y burritos fritos. Cuando me fuí a vivir a México en 1991 y abrí mi propio restaurante, ya me habían introducido a la sofisticada cocina del interior del país que es prominente en la mayoría de las Ciudades Mexicanas y en muchos hogares. Gran parte de esta comida era nutritiva, saludable y llena de fresco sabor. A través de los muchos años de vivir, comer y cocinar en México, he aprendido a preparar los platillos clásicos llenos de frutas y vegetales frescos, carnes magras y salsas caseras, algunas de las cuales se originaron en los tiempos precolombinos.

INTRODUCTION

Whenever I'm traveling in the United States, I realize that Mexican food is somewhat misunderstood. I'm often asked, "How can you eat that heavy, greasy food every day?" Many times I've come to the defense of my beloved cuisine, educating people that what they eat north of the border isn't necessarily authentic Mexican food. It's Tex-Mex or Cal-Mex, which are basically their own cuisines. They were introduced by poor, young immigrant men who rarely cooked before they left their homes in Mexico. The famous cooks of the cities and villages, almost always women, remained at home while the uneducated men went north to seek their fortunes. They opened small restaurants featuring the simple and economical dishes they knew how to prepare. Rarely did they serve the rich and labor-intensive *Moles* and *Pipiáns*; instead they offered Tacos and Enchiladas, dishes from the humble home, which were quick and easy to make. The assumption that this is all there is to Mexican food is like saying that Americans only eat hamburgers (which I've actually heard from the mouths of a few Europeans).

My knowledge of Mexican cooking began in the Tex-Mex restaurants of Houston, where every menu offered crispy beef tacos and deep-fried burritos. By the time I moved to Mexico in 1991 and opened my own restaurant, I had been introduced to the sophisticated interior cuisine that is prominent in most Mexican cities and in many homes. Much of this food was nutritious, healthy, and full of fresh flavor. Through the many years of living, eating, and cooking in Mexico, I have learned how to prepare classic dishes full of fresh fruits and vegetables, lean meats, and home-made salsas, some of which originated in pre-Columbian times.

Before the Spaniards descended upon the New World, the first Americans had an extensive and sophisticated cuisine. The typical Aztec diet, eaten in the central regions of Mexico, consisted of corn, squash, tomatoes, chiles, avocados, beans, fruit, nuts, and wild game such as turkey and deer. Their food contained little fat. The Aztecs made salsas as well, by mixing a

Antes de que los españoles invadieran el nuevo mundo los pueblos indígenas contaban con una cocina extensa y sofisticada. La típica dieta Azteca que se consumía en la región del centro de México constaba de maíz, calabaza, tomates, chiles, aguacates, frijoles, fruta, nueces y carne de animales silvestres que cazaban, tales como el pavo y el venado. Su comida no contenía mucha grasa. Los aztecas también preparaban salsas con la mezcla de diversos chiles, tomates y otros ingredientes. Se servían frescas, o asadas en seco (preparándose sobre un comal de barro sobre el fuego), se mezclaban a mano en un molcajete (mortero y mano hechos de roca volcánica) y por lo general se guisaban con trozos de carne. El famoso chocolate de México también era popular en esta época y se servía como una rica bebida, caliente y sin endulzar.

Cuando llegaron los españoles trajeron azúcar para endulzar el chocolate, harina para hacer pan y arroz para acompañar todas las comidas. En sus barcos transportaban vacas, pollos, puercos y especias, como canela, comino y cilantro, entre otros artículos, mismos que llenaban las cocinas de las casas coloniales. Los nativos comenzaron a incorporar estos nuevos ingredientes a su cocina y su dieta, que naturalmente había sido baja en grasas, y que desde entonces cambió para siempre. Para el año de 1700 los alimentos indígenas se habían fundido con los europeos. Se utilizaba manteca de puerco para freír, la res comenzó a reemplazar al pavo y los chiles comenzaron a sazonar la comida española cotidiana. Posteriormente, durante el mismo siglo, los platillos tradicionales de México, tales como el mole poblano y los chiles en nogada fueron creados en las cocinas de los conventos de Puebla. Eran una mezcla del viejo y el nuevo mundo.

Actualmente, la comida sana de México emplea los elementos básicos que se han utilizado durante más de 500 años: frutas, verduras, chiles, frijoles, granos, especias y carnes asadas. En este libro de cocina, se usa una mínima cantidad de grasa y de azúcar. En su lugar he tratado de resaltar las características naturalmente magras de esta saludable y deliciosa cocina y, al mismo tiempo hacerla rápida y fácil de preparar. Espero que usted esté acuerdo conmigo. ¡Buen provecho!

—*Kris Rudolph*

variety of chiles with tomatoes and other ingredients, served fresh, or dry-roasted on a clay *comal* (a thin disk of unglazed earthenware used like a griddle) over an open fire. They were blended by hand in a *molcajete* (a traditional mortar and pestle made of volcanic rock) and usually stewed with pieces of meat. Mexico's famous chocolate was also popular at this time, served as a beverage, warm, rich, and unsweetened.

When the Spaniards arrived, they brought sugar to sweeten the chocolate, flour for making bread, and rice to accompany every meal. Cows, chickens, pigs, potatoes, rice, and spices such as cinnamon, cumin, and cilantro, among other items, were emptied from the hulls of their ships and filled the kitchens of colonial homes. The first Americans began to incorporate these new ingredients into their cooking, and their naturally low-fat diet changed forever. By the 1700s, indigenous and European foods had blended into one. Fresh pork lard was used for frying, beef started to replace turkey, and chiles began to spice up everyday Spanish cooking. Later in the same century, the current traditional dishes of Mexico, such as *Mole Poblano* and *Chiles en Nogada*, were created in the convent kitchens of Puebla. They were a mixture of the Old and New Worlds.

Today's healthy Mexican food reflects the basics used for over 500 years: fruits, vegetables, chiles, beans, grains, spices, and grilled meats. In this cookbook, a minimal amount of fat and sugar is used. Instead I've tried to highlight the naturally lean aspects of this wholesome, delicious cuisine, while making it quick and easy to prepare. I hope you agree. ¡Buen Provecho!

—Kris Rudolph

3

Secretos para una alimentación sana

La alimentación sana fue la que nos enseñaron en casa cuando éramos niños. Nos dijeron que debíamos seguir una dieta balanceada, comer verduras y que el postre se reservaba únicamente para ocasiones especiales. Desafortunadamente, en el mundo moderno el concepto de la buena alimentación ha cambiado. Hemos reemplazado las comidas nutritivas hechas en casa con comida rápida y nuestras alacenas están llenas de productos procesados y llenos de químicos. Todo es abundante, fácil de preparar (o por lo menos es lo que prometen las instrucciones de los paquetes) y alguien más realiza la mayor parte del trabajo. Esto hace que cocinar todo desde un principio, utilizando frutas y verduras e ingredientes de buena calidad parezca demasiado difícil y que no vale la pena perder el tiempo en ello. Este libro le demostrará que preparar comida nutritiva en casa es fácil, rápido y que vale la pena hacer el esfuerzo.

Más que 50 por ciento de la población de los Estados Unidos está excedida de peso. La nueva epidemia nacional es la obesidad, la cual es la causa directa de muchas enfermedades: cardiopatías, derrames cerebrales (embolias), diabetes, alta presión arterial, depresión y osteoartritis (400,000 muertes al año se relacionan con la obesidad). Las personas consumen más calorías de las que queman, por lo general en alimentos procesados, azúcares y carbohidratos. Nuestro estilo de vida sedentario es parte del problema, junto con las porciones cada vez más grandes que sirven en los restaurantes (Aumentar el precio y el tamaño de la porción finalmente resulta en mayores ganancias para los restaurantes). Si para redondear su "dieta moderna" toma algunos refrescos embotellados, o alguna otra bebida dulce es muy probable que tenga un problema de exceso de peso. México sigue los pasos de su vecino del norte y las enfermedades relacionadas con el sobrepeso, especialmente la diabetes, van en aumento.

Secrets of Healthy Eating

Healthy eating was something we once learned at home as children. We were taught to consume a balanced diet, to eat our vegetables, and that dessert was only for special occasions. Unfortunately, in today's world, the concept of good eating has changed. We've replaced nutritious home-cooked meals with fast food, and our cupboards are filled with processed, chemical-laden products. Everything is abundant, easy to prepare (or so the instructions on the box promise), and someone else gets to do the bulk of the work. This makes cooking from scratch, using quality produce and food items, seem labor-intensive and not worth the time. This cookbook will show you that good, nutritious home-cooking is in fact easy, quick, and definitely worth the effort.

In the United States, more than 50 percent of the population is now overweight. The new national health epidemic is obesity, which is the direct cause of many illnesses: heart disease, strokes, diabetes, high blood pressure, depression, and osteoarthritis (400,000 deaths a year are linked to obesity). Daily, people consume more calories than they burn, usually in the form of processed food, sugar, and carbohydrates. Our sedentary lifestyle is part of the problem, along with the increased portions served in restaurants. (Raise the price, increase the portion . . . bottom line, the restaurant makes more money.) If you round out your day, after consuming the "new modern diet," with a few soft drinks or other sugary beverages, you most likely will have a weight problem. Mexico is following in the footsteps of its northern neighbor, with weight-related diseases, especially diabetes, on the rise.

HERE ARE SOME BASIC AND EASY TECHNIQUES TO HEALTHY EATING:
Eliminate Processed Food—
It's inexpensive, heavily promoted, and engineered to taste good, which explains why processed food is replacing home-cooked meals for many; however, you need to avoid it. Start using minimally processed, natural ingredients—organic, if possible. Remember, your health is worth the extra effort and money needed to prepare good, natural food.

A CONTINUACIÓN LE PRESENTO ALGUNAS TÉCNICAS BÁSICAS MUY SENCILLAS PARA COMER SANAMENTE:

Elimine los alimentos procesados—

Son baratos y están diseñados para que tengan un buen sabor, lo que explica por qué estos alimentos reemplazan para muchos las comidas hechas en casa; sin embargo, es necesario evitarlos. Comience a utilizar ingredientes con un mínimo de procesamiento, orgánicos si es posible. Recuerde que su salud vale el esfuerzo adicional y prepárese comida buena y natural.

(¿Sabía usted que los estadounidenses consumen 45 kg de azúcar por persona por año, 70 por ciento de ésta se utiliza como aditivo en los alimentos procesados?)

Controle el tamaño de las porciones—

Este parece ser el principal problema para la mayor parte de las personas. Comience a notar cuándo está satisfecho y deje de comer en ese momento. No continúe sólo por que tiene la comida frente a usted y porque sabe bien. No tiene que sentirse repleto al dejar la mesa. ¡Deje algo para mañana! Asimismo, consumir cinco comidas más reducidas durante el día y no 3 comidas grandes estabiliza el azúcar en la sangre y le ayuda a eliminar las ansias de comer.

(¿Sabía usted que McDonald's ha aumentado considerablemente el tamaño de las porciones que sirve? El peso de las hamburguesas ha aumentado de 85 g a 130 g, las papas fritas aumentaron de 70 g a 200 g y los refrescos de 195 ml a 480 ml. Estos incrementos representan casi 700 calorías adicionales en una sola comida.)

Consuma una dieta balanceada—

Un plan de alimentación sana incluye porciones moderadas de verduras, frutas, carnes magras y granos. Asegúrese de comer verdura fresca en cada alimento y evite porciones muy grandes de pasta, pan, papas y arroz, así como hamburguesas y papas fritas. En México trate de no comerse una orden de tacos completa, mejor coma un par de tacos acompañados de una ensalada grande de nopalitos.

(¿Sabía usted que el cuerpo absorbe la comida balanceada más lentamente, con lo que disminuyen los altibajos que resultan de los cambios de nivel de azúcar en la sangre?)

(Did you know??—Americans consume 100 pounds of sugar per person per year, 70 percent of which is used as an additive to processed foods.)

Portion Control—

This seems to be one of the biggest problems for most people. Start noticing when your body is satisfied and stop eating at that moment. Do not continue just because the food is in front of you or because it tastes good. You don't have to be stuffed when you leave the table. Save it for the next day! Also, eating five smaller meals during the day, as opposed to three large ones, stabilizes your blood sugar and helps eliminate food cravings.

(Did you know??—McDonald's in the past 50 years has increased its meal sizes significantly. Hamburgers have gone from 2.8oz. to 4.3oz., French fries from 2.4oz. to 7oz., and soft drinks from 6.5 fluid oz. to 16 fluid oz. That's almost 700 extra calories, just for one meal.)

Balance Your Diet—

A healthy eating plan includes moderate portions of vegetables, fruits, lean meats, and whole grains. Make sure fresh vegetables accompany every meal and avoid large servings of pasta, bread, potatoes, and rice, as well as hamburgers and French fries. In Mexico, try not to eat a whole order of tacos; have one or two with a large cactus salad instead.

(Did you know??—Balanced meals are absorbed more slowly by the body, thus reducing the highs and lows associated with blood sugar levels.)

Minimize Saturated and Hydrogenated Fat—

Saturated fats are primarily derived from animals, and found in red meats, butter, and cheeses. Although these fats should comprise only a small portion of your diet, they should still be consumed since their high levels of vitamin B help with stress.

Hydrogenated fats are produced in the manufacturing process when hydrogen atoms are added to natural fats. These manufactured fats, such as shortening, are considered the most harmful to your health.

For the purpose of this cookbook we will be using olive oil, even though lard is more traditional in Mexican cuisine. Olive oil, along with canola oil, is considered one of the healthiest fats available for cooking.

Minimice el consumo de grasas hidrogenadas—

Las grasas saturadas se derivan principalmente de los alimentos de origen animal y se encuentran en la carne roja, la mantequilla y los quesos. Estas grasas deben constituir una porción pequeña de su dieta, especialmente por que contienen niveles altos de vitamina B que ayuda contra el estrés. Las grasas hidrogenadas se producen en el proceso de manufactura al agregar átomos de hidrógeno a las grasas naturales. Estas grasas procesadas, tales como la mantequilla, la margarina y la manteca, son las que se consideran más perjudiciales para su salud.

Aunque la manteca es la grasa que tradicionalmente se utiliza en la cocina mexicana, en este libro utilizaremos aceite de oliva. El aceite de oliva, junto con el de colza, es considerado como uno de los aceites más sanos que se pueden usar para cocinar.

(¿Sabía usted que la mayoría de los alimentos procesados y la margarina contienen grasa hidrogenada?)

Comience a disminuir la ingesta de azúcar—

La siguiente vez que tenga ganas de un refresco tome un vaso de agua. Si está en casa hágase una de las bebidas de verdura sin azúcar que se incluyen en este libro. Vaya reduciendo la cantidad de azúcar que le pone a su te y su café, pronto descubrirá que realmente no la necesita. Si tiene antojo de algo dulce evite el pastel y el helado y coma un poco de fruta.

(¿Sabía usted que un refresco en los EEUU contiene 10 cucharaditas de azúcar que es la cantidad máxima diaria que se debe consumir en un día completo? En México cada refresco contiene de hecho aún más azúcar.)

Haga ejercicio—

Comience a hacer ejercicio regularmente. Hágalo divertido y no algo terrible y sobre todo no lo deje como su última prioridad. El ejercicio también reduce el estrés, por lo que trae beneficios para la salud.

(¿Sabía usted que un programa que incluya 30 minutos de ejercicio aeróbico, pesas y estiramiento de 3 a 5 veces por semana aumentará su metabolismo, desarrollará sus músculos y le ayudará a bajar de peso?)

(Did you know??—Most processed foods and margarine contain hydrogenated fat.)

Start Reducing Your Sugar Intake—

The next time you think about having a soda, drink a glass of water instead. If you're at home, make one of the sugarless vegetable drinks in this cookbook. Start reducing the amount of sugar you put into your coffee and tea; soon you will discover you don't even miss it. When you crave something sweet, avoid cake and ice cream and eat a piece of fruit.

(Did you know??—Just one soda, in the U.S., contains 10 teaspoons of sugar, which is the recommended daily allowance for an entire day. In Mexico, the amount of sugar in each soda is even greater.)

Exercise—

Start a regular exercise program and stick to it. Make it fun, not something you dread, and above all, do not put it at the bottom of your priority list. Exercise also lowers your stress level, which leads to overall health benefits.

(Did you know??—A program that includes 30 minutes of aerobic exercise, weight-lifting and stretching, 3–5 times a week, will increase your metabolism, build muscle, and help you lose weight.)

Ingredientes básicos

Quesos

MANCHEGO
Use únicamente queso manchego mexicano, no use el español, ya que la textura es bastante diferente. El queso se puede encontrar en la mayoría de los supermercados grandes. Si no encuentra el manchego sustitúyalo por Monterey Jack.

RANCHERO
El queso ranchero, o queso fresco mexicano es seco y se desmorona. Si no lo puede encontrar en un supermercado especializado en productos hispanos sustitúyalo por queso feta seco o parmesano.

Crema
En todas las recetas de en este libro de cocina la crema que se utiliza es la mexicana que puede encontrar en supermercados especializados en productos hispanos. Un sustituto cercano sería la 'creme fraîche' diluida con un poco de leche o crema agria.

Limón
El limón también llamado "Key lime" en inglés se puede comprar en la mayor parte de los supermercados del sur de los Estados Unidos. Si no los puede encontrar es mejor usar los limones verdes normales que el limón amarillo.

Caldo de pollo
Este es el primer paso en la preparación de una buena sopa.

1. En una olla grande ponga un pollo completo cortado en trozos.
2. Agregue 1 cebolla partida en cuatro, 1 diente de ajo completo y 2 tallos de apio. Cubra todo con agua y hágalos hervir. Añada sal al gusto.

Basic Ingredients

Cheeses

MANCHEGO
Use only Mexican Manchego cheese, not Spanish, since the texture is quite different. It can be found in most large supermarkets. If you cannot find Manchego, substitute Monterey Jack.

RANCHERO
Ranchero cheese or Mexican fresh cheese is dry and crumbly. If you cannot find it in a Latin supermarket, substitute dry feta or Parmesan.

Cream

The recipes in this cookbook use Mexican crema, which can be found in Latin supermarkets. A close substitute would be crème fraîche, diluted with a little milk, or sour cream.

Mexican limes

Mexican limes are Key limes and can be found in most supermarkets throughout the southern United States. If you cannot find them, you're better off using green limes than lemons.

Chicken stock
Here's the first step in making a good soup.

1. Place a whole cut-up chicken in a large stock pot.
2. Add 1 quartered onion, 1 whole head of garlic, peeled, and 2 stalks of celery. Cover with water and bring to a boil. Salt to taste.
3. Lower to medium heat and simmer for about an hour or until the chicken is done. Add more water if needed.
4. Scoop any foam or fat off the top. Strain the stock before using.

Chicken stock freezes well, so save what you don't use for another day.

3. Baje el fuego a medio y déjelo cocinar durante una hora, o hasta que el pollo esté cocido. Agregue más agua si es necesario.
4. Con una cuchara quite cualquier espuma o grasa que se acumule en la parte superior. Cuele el caldo antes de usarlo.

El caldo de pollo se conserva bien congelado, así que guarde lo que le sobra para utilizarlo en otra ocasión.

PURÉ DE JITOMATE

Totalmente esencial para la comida mexicana:

1. Ponga 1/2 kilo de jitomates, 1/2 cebolla pequeña y 2 dientes de ajo en una sartén grande. Cubra todo con agua, deje que suelte el primer hervor y cueza durante aproximadamente 15 minutos.
2. Vacíe el contendio de la sartén, en una licuadora. Agregue 1/2 cucharadita de orégano seco y muela todo bien. Añada sal al gusto.

SALSA PARA MARINAR

Magnífica tanto para res como para pollo. Ponga la carne en la salsa para marinar y mezcle bien. Refrigere por 2 horas por lo menos, o bien durante toda la noche.

Mezcle los siguientes ingredientes en un platón mediano:

1/4 de taza	cebolla picada
4 dientes	ajo picados
1/3 de taza	aceite de oliva
2 cucharadas	jugo de limón
1 cucharadita	sal
1/2 cucharadita	comino molido
1/2 cucharadita	pimienta negra

TOMATO PURÉE

A necessity in the Mexican kitchen:

1. Place 2 pounds of Roma tomatoes, 1/2 of a small onion, and 2 peeled cloves of garlic in a large saucepan. Cover with water. Bring to a boil and let cook for about 15 minutes.
2. Empty the contents of the saucepan, including the water, into a blender. Add 1/2 teaspoon dried oregano and purée. Add salt to taste.

MARINADE

Great for either beef or chicken! Place the meat in the marinade and mix well. Refrigerate for at least 2 hours or overnight.

Mix the following ingredients in a medium-sized bowl:

1/4 cup	chopped onion
4 cloves	chopped garlic
1/3 cup	olive oil
2 tablespoons	Mexican lime juice
1 teaspoon	salt
1/2 teaspoon	ground cumin
1/2 teaspoon	black pepper

LOS CHILES

Todos los chiles usados en este libro de cocina se encuentran disponibles en la mayor parte de los Estados Unidos. Si no se encuentran en la tienda de comestibles de la localidad, búsquelos en un supermercado latino.

CHILE POBLANO— El poblano es un chile grande, verde oscuro que se usa principalmente para hacer Chiles Rellenos y rajas. El poblano puede variar de poco picante a muy picante, y no se sabe el grado de picante hasta que se come.

CHILE SERRANO— El serrano es muy común en México, especialmente en la región central. Es pequeño, angosto y verde oscuro, muy picante. Los serranos se usan en una amplia variedad de salsas y se pueden comer crudos o cocinados.

CHILE JALAPEÑO— El jalapeño fué uno de los primeros chiles que se introdujeron en el mercado de los Estados Unidos. Es más grande que el serrano, pero con un brillo, color y sabor picante muy parecidos. Los jalapeños se pueden encontrar todo el año y con frecuencia se sirven preparados con verduras en escabeche.

CHILE CHIPOTLE— Los chiles chipotle son jalapeños madurados y ahumados. Se pueden encontrar secos o enlatados en adobo. De las dos maneras, el chipotle se considera muy picante.

CHILE PASILLA— El pasilla es una chilaca seca. Es largo, angosto, negro y puntiagudo. Los chiles pasilla se consideran chiles menos picantes y son un ingrediente común en el Mole Poblano. Algunas veces se les conoce como chiles negros.

CHILES

All the chiles used in this cookbook are readily available in most parts of the United States. If you cannot find them at your local grocery store, try a Latin supermarket.

POBLANO CHILE— A large, deep green chile mainly used for making *Chiles Rellenos* and roasted pepper strips (*rajas*). The poblano can vary from mild to hot, not giving away its true heat until you bite into it.

SERRANO CHILE— The serrano is very common in Mexico, especially in the central region. It is small, narrow, and dark green in color with an intense heat. Serranos are used in a wide variety of salsas and can be eaten either cooked or raw.

JALAPEÑO CHILE— The jalapeño was one of the first chiles introduced to the U.S. market. It is larger than a serrano, but with the same shiny, green color and spiciness. Jalapeños can be found year-round and are often served pickled with vegetables (*en escabeche*).

CHIPOTLE CHILE— Chipotle chiles are ripened, smoke-dried jalapeños. They can be found either in their dried state or canned in a marinade (*chipotles en adobo*). Either way the chipotle is considered to be very hot.

PASILLA CHILE— The pasilla is a dried chilaca chile. It's long, narrow, and black in color usually with a pointed tip. Pasillas are considered mild chiles and are a common ingredient in *Mole Poblano*. They are also sometimes referred to as black chiles.

Como preparar los chiles

Chile poblano · Asar y desvenar:

Tueste el chile poblano sobre la flama directa si tiene estufa de gas hasta que se ennegrezca por todos lados (si su estufa no es de gas ponga los chiles en una charola bajo el asador del horno ya caliente). Póngalos en una bolsa de plástico y déjelos sudar de 10 a 15 minutos. Quíteles la cutícula o piel tostada mojando sus dedos con agua si fuera necesario. En México es común ver que se pelen los chiles bajo el chorro del agua, ciertamente esto hace más fácil la tarea, aunque también se pierde algo del sabor. Tenga cuidado de no rasgar los chiles cuando los pele.

Para los chiles rellenos:

Haga un corte a lo largo de un lado del chile y quítele todas las semillas y venas con sus dedos (aquí se concentra el picante del chile por lo que debe limpiarlo completamente). No le quite el tallo.

Siempre puede rellenar los chiles, o por lo menos asarlos y desvenarlos un día antes de servirlos.

Para las rajas de poblano:

Con un cuchillo quítele el centro y haga un corte lateral, abriéndolo totalmente. Elimine cualquier resto de semillas o venas. Corte en tiras delgadas.

Chiles secos:

Abra el chile por el tallo y sacúdalo para que salgan todas las semillas. Córtelo en trozos pequeños eliminando todas las semillas y venas que encuentre. Ponga el chile en una sartén muy caliente y tuéstelo durante algunos minutos (también puede agregarle un poco de aceite a la sartén para darle mejor sazón). Cuando el chile esté fragante y ahumado páselo a un

Working with Chiles

Poblanos · Roasting and cleaning:
Roast the poblano chile directly over a gas flame until blackened on all sides (if you do not have a gas stove, lay the chile on a tray under a hot broiler). Transfer to a plastic bag and let sweat for 10–15 minutes. Peel off all the charred skin, dipping your fingers in water if needed. In Mexico, it's common to see chiles peeled under running water; this does make it easier. However, you will lose some of the flavor. Be careful not to tear the chile when peeling.

For chiles rellenos:
Make a long slit down one side of the chile and remove all the seeds and veins with your fingers. (This is where the heat of the chile is concentrated, so be sure to clean it thoroughly.) Leave the stem attached.

You can always stuff your chiles, or at least roast and clean them, a day in advance.

For poblano strips (rajas):
Remove the core of the chile with a knife and make a slit down one side, opening it flat. Remove all the remaining seeds and veins. Cut into thin strips.

Dried chiles:
Open the chile at the stem and shake out all the seeds. Tear into small pieces, removing any additional seeds or veins. Place the chile in a very hot frying pan and let dry roast for a few minutes (you can also add a little oil to your frying pan when roasting, for some added flavor). When the chile becomes fragrant and smoky, transfer to a small bowl and cover with warm water. Let rehydrate for about 15 minutes or until soft.

tazón pequeño y cúbralo con agua tibia. Para re-hidratarlo déjelo en el agua durante aproximadamente 15 minutos o hasta que esté suave.

Chipotles:

Antes de usar el chipotle córtelo de un lado y ábralo completamente. Descarte todas las semillas y píquelo.

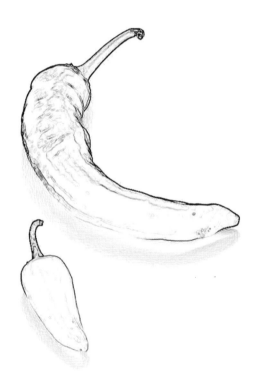

CHIPOTLES:

Before using a chipotle, slit one side of the chile and open it to lie flat. Scrape out all the seeds and mince.

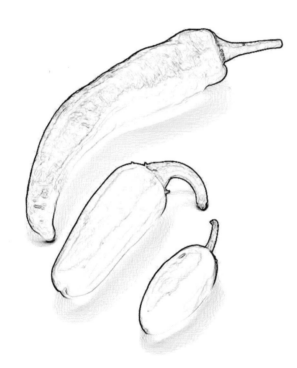

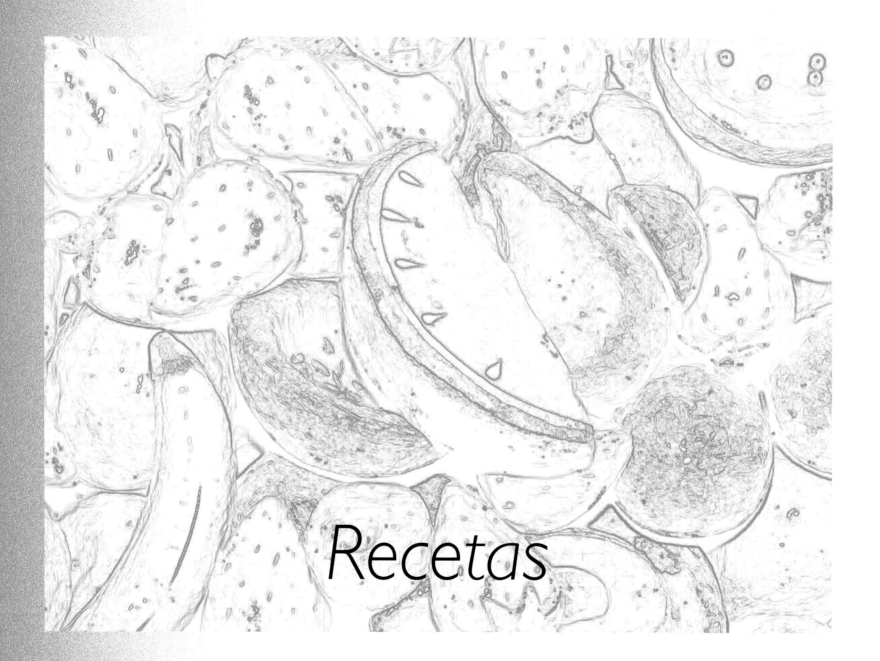

Recetas

Recipes

Sopas

Soups

Sopa de ajo con espinacas y pollo

Preparación: 5 min.   Cocción: 35 min.   Total: 40 min.

La sopa de ajo asado es de origen español y en su versión original se sirve con una rebanada de pan frito encima. Para hacerla más sana he eliminado el pan y lo he substituido con espinaca y pollo. En algunas partes de México este delicioso caldo con sabor a ajo se sirve con huevos cocinados a fuego lento (poché) y tiende a ser una comida completa.

6 porciones de 1.5 tazas

2 cucharadas	aceite de oliva
2 dientes	ajo pelados
3	jitomates picados
6 tazas	caldo de pollo caliente (ver página 10)
2	huevos batidos
2 tazas	espinaca picada
1 taza	pollo deshebrado
	sal al gusto
1/3 de taza	cebolla finamente picada

1. Ponga el aceite de oliva en una olla grande a fuego medio. Cuando esté caliente agregue el ajo y sofríalo hasta que esté suave, de 15 a 20 minutos aproximadamente.

2. Añada los jitomates y cueza 2 o 3 minutos más. Agregue el caldo de pollo caliente y caliente hasta que rompa el primer hervor. Vierta toda la mezcla en un procesador de alimentos o una licuadora de mano y muela todo bien.

3. Vuelva a poner la sopa en la olla a fuego medio. Vierta lentamente los huevos en la sopa, removiendo constantemente.

Calorías:	145
Total de grasas:	9 g
Grasas saturadas:	1.8 g
Carbohidratos:	5.9 g
Fibra:	0.7 g

cont. . . .

ROASTED GARLIC SOUP WITH SPINACH AND CHICKEN

Preparation: 5 min.   Cook: 35 min.   Total: 40 min.

Roasted Garlic Soup is Spanish in origin, with the traditional version calling for a slice of fried bread floating on top. To make this a healthier choice, I've eliminated the bread and replaced it with spinach and chicken. In parts of Mexico, eggs are poached in this delicious, garlicky broth, and the entire dish is served as an elaborate meal.

6 1 1/2-cup servings

2 tablespoons	olive oil
2 heads	garlic, peeled
3	Roma tomatoes, chopped
6 cups	chicken broth, heated (see page 11)
2	eggs, beaten
2 cups	spinach, chopped
1 cup	shredded cooked chicken
	salt to taste
1/3 cup	green onion, finely chopped

1. Place the olive oil in a large stock pot over medium-low heat. When warm, add the garlic and sauté until soft, about 15–20 minutes.
2. Add the tomatoes and continue cooking 2–3 more minutes. Add the heated chicken broth and bring the soup to a boil over high heat. Transfer to a food processor or use an immersion blender to purée the soup.
3. Return the soup to the stock pot over medium-high heat and bring to a simmer. Pour the eggs slowly into the soup, stirring constantly.

Calories:	145
Total fat:	9 g
Saturated fat:	1.8 g
Carbohydrates:	5.9 g
Fiber:	0.7 g

cont. . . .

25

4. Añada la espinaca y el pollo y cueza durante 5 minutos. Agregue sal al gusto.

5. Adorne la sopa con cebollín.

Añada unos cuantos chiles chipotle a la sopa, o bien rajas de chile pasilla asado.

PLANEE CON ANTICIPACIÓN:

Haga el caldo y el pollo deshebrado 1 o 2 días antes, o también puede hacer el caldo de ajo de una buena vez (pasos 1 y 2).

*Esta sopa se conserva bien congelada, así que haga el doble de lo que necesita y guarde la mitad para aquellos días fríos y lluviosos en los que no tenga tiempo de cocinar.

4. Add the spinach and chicken. Cook for 5 minutes. Salt to taste.

5. Garnish with green onions.

 Add a few chipotle chiles to the soup or strips of toasted pasilla chiles.

PLAN AHEAD:

1–2 days in advance: make the broth and shred the chicken or go a step further and make the roasted garlic broth (steps 1 and 2).

*This soup freezes well, so make a double batch and save some for a cold, rainy day when there's no time to cook.

SOPA DE FRIJOL NEGRO

Preparación: 15 min.   Cocción: 1 hora y 45 min.   Total: 2 horas

En Oaxaca, región al sur del país, la sopa de fríjol negro se sirve tanto en los hogares más humildes como en los restaurantes más elegantes. Con frecuencia se le acompaña con chile picante, ya sea seco o fresco y se sazona con diversas especies y verduras. Es una sopa muy llenadora y excelente como primer plato en una comida mexicana, sin embargo, siéntase en libertad de servirla como plato fuerte, porque de hecho es una comida completa.

8 porciones de 1.5 tazas

1 taza	fríjol negro
1 cucharada	aceite de oliva
4 dientes	ajo picados
1 taza	apio picado
1	pimiento morrón rojo picado
2	chiles serranos desvenados y picados
8 tazas	consomé de pollo* caliente (ver página 10)
1 cucharada	jugo de limón
1/4 de taza	cilantro picado
2 cucharadas	jerez seco
1 cucharadita	orégano seco
1 cucharadita	comino molido
	sal al gusto
1/2 cucharadita	pimienta negra

Calorías: 98
Total de grasas: 3.1 g
Grasas saturadas: 0.6 g
Carbohidratos: 13.3 g
Fibra: 1.2 g

1. Deje los frijoles remojando en agua toda la noche.

2. Ponga el aceite de oliva en una olla grande a fuego alto. Cuando ya esté caliente añada el ajo y luego la cebolla. Sofría durante 5 minutos.

28

cont. . . .

BLACK BEAN SOUP

Preparation: 15 min. Cook: 1 3/4 hours Total: 2 hours

In the southern region of Oaxaca, Black Bean Soup is served in the most humble of homes, as well as the fanciest of restaurants. It's paired frequently with spicy chiles, dried or fresh, and seasoned with a variety of vegetables and spices. This filling soup makes a great first course to any Mexican dinner; however, feel free to serve it as an entrée. It's basically a meal in itself.

8 11/2-cup servings

1 cup	dry black beans
1 tablespoon	olive oil
4 cloves	garlic, minced
2 cups	white onion, chopped
1 cup	celery, chopped
1	red bell pepper, chopped
2	serrano chiles, seeded and minced
8 cups	chicken broth,* heated (see page 11)
1 tablespoon	Mexican lime juice
1/4 cup	cilantro, chopped
2 tablespoons	dry sherry
1 teaspoon	dried oregano
1 teaspoon	ground cumin
	salt to taste
1/2 teaspoon	black pepper

1. Soak the beans in a bowl of water overnight.
2. Place the olive oil in a large stock pot over high heat. When hot, add the garlic and then the onion. Sauté for 5 minutes.

Calories:	98
Total fat:	3.1 g
Saturated fat:	0.6 g
Carbohydrates:	13.3 g
Fiber:	1.2 g

cont. . . .

3. Agregue el apio, el pimiento morrón y los chiles serranos y cueza unos minutos más.

4. Agregue los frijoles y el caldo de pollo y caliéntelos hasta que suelten el primer hervor. Baje el fuego a medio y deje cocinar durante aproximadamente una hora. (Si es necesario, añada más caldo de pollo.)

5. Agregue el jugo de limón, el cilantro, el orégano seco y el comino molido. Déjelo cocinar hasta que los frijoles estén suaves, de 30 a 45 minutos.

6. Muela la sopa en un procesador o una licuadora hasta que se haga puré. Añada sal y pimienta.

VARIACIÓN BAJA EN CARBOHIDRATOS:
Adorne la sopa con crema mexicana, queso ranchero y cebolla blanca picada.

VARIACIÓN BAJA EN GRASAS:
Adorne la sopa con cebolla y cilantro.

 Agregue más chile serrano.

PLANEE CON ANTICIPACIÓN:
Haga el caldo de pollo 1 ó 2 días antes.

Esta sopa se conserva bien congelada, así que haga el doble de lo que necesita y guarde la mitad para otra ocasión.

*Si quiere una sopa vegetariana substituya el caldo de pollo con agua.

3. Add the celery, red bell pepper, and serrano chiles. Cook another few minutes.

4. Drain the beans and add with the warm chicken broth. Bring to a boil, then reduce to medium heat and simmer for about 1 hour. (Add more chicken broth if needed.)

5. Add the lime juice, cilantro, sherry, dried oregano, and ground cumin. Continue simmering until the beans are tender, another 30–45 minutes.

6. Roughly purée the soup in a food processor or with an immersion blender. Add the salt and pepper.

LOW-CARB OPTION:
Garnish with Mexican cream, Ranchero cheese, and chopped white onion.

LOW-FAT OPTION:
Garnish with chopped white onion and cilantro.

 Add additional serrano chiles.

PLAN AHEAD:
1–2 days in advance: make the chicken broth.

This soup freezes well, so make a double batch and set half aside for another day.

*For a vegetarian soup, replace the chicken broth with water.

Consomé de pollo y verduras

Preparación: 15 min.   Cocción: 10 min.   Total: 25 min.

El consomé es un caldo que se puede encontrar en cualquier hogar, mercado y restaurante de México. La receta original lleva pollo, arroz y una gran variedad de complementos (aderezos), incluyendo todo el chile serrano picado que pudiera desear en su vida. En esta receta hemos sustituido el arroz con verduras frescas, lo que reduce radicalmente la cantidad de carbohidratos.

6 porciones de 1.5 tazas

6 tazas	caldo de pollo (ver página 10)
1 taza	brócoli picado
1 taza	coliflor picada
1/2 taza	calabacitas picadas
1/2 taza	zanahorias picadas
1 taza	pollo deshebrado
1/4 de taza	jugo de limón
1/2 taza	cebolla blanca picada
1/2 taza	cilantro picado
2	chiles serranos desvenados y picados

1. Ponga el caldo de pollo en una olla grande y caliéntelo hasta que rompa el hervor.
2. Agregue el brócoli y la coliflor. Déjelos hervir por 4 o 5 minutos.
3. Añada las calabacitas, las zanahorias, el pollo y el jugo de limón y cueza durante otros 2 minutos.
4. Sírvalo en platos soperos.

Calorías:	83
Total de grasas:	2.7 g
Grasas saturadas:	0.7 g
Carbohidratos:	6.7 g
Fibra:	0.6 g

cont. . . .

CHICKEN VEGETABLE CONSOMMÉ

Preparation: 15 min.   Cook: 10 min.   Total: 25 min.

Consommé is a soup found in every household, market, and restaurant in Mexico. The original version calls for shredded chicken, rice, and a large offering of garnishes, including all the chopped serrano chiles you could ever want. For this recipe fresh vegetables have been substituted for the rice, which drastically lowers the amount of carbohydrates.

6 1 1/2-cup servings

6 cups	chicken broth (see page 11)
1 cup	broccoli, chopped
1 cup	cauliflower, chopped
1/2 cup	zucchini, chopped
1/2 cup	carrots, shredded
1 cup	shredded cooked chicken
1/4 cup	fresh Mexican lime juice
1/2 cup	white onion, chopped
1/2 cup	cilantro, chopped
2	serrano chiles, seeded and minced

1. Place the chicken broth in a large stock pot over high heat and bring to a boil.
2. Add the broccoli and cauliflower. Let boil for 4–5 minutes.
3. Add the zucchini, carrots, chicken, and lime juice. Cook for another 2 minutes. (The vegetables should be tender, yet still crisp, in order to retain their nutrients.)
4. Ladle into soup bowls.

Calories:	83
Total fat:	2.7 g
Saturated fat:	0.7 g
Carbohydrates:	6.7 g
Fiber:	0.6 g

cont. . . .

33

5. La cebolla, el cilantro y los chiles serranos deben ponerse aparte. Cuando se agregan todos estos ingredientes al consomé se realza su sabor.

Agregue más chile serrano a las cebollas y al cilantro.

Si desea un sabor ahumado y mucho más picante añada algunos chiles chipotle a la sopa antes de servirla.

PLANEE CON ANTICIPACIÓN:
Haga el caldo de pollo y deshebre el pollo con 1 o 2 días de anticipación.

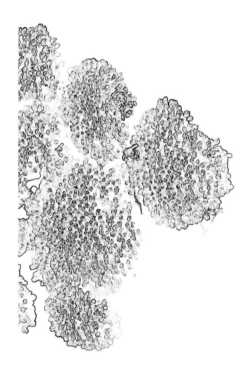

5. The onion, cilantro, and serrano chiles should be served on the side. (Adding all these ingredients to the consommé will greatly enhance the flavor.)

 Add additional chopped serrano chiles to the onion and cilantro garnish.

For a fiery, smoky flavor, add a few chipotle chiles to the soup before serving.

PLAN AHEAD:
1–2 days in advance: make the broth and shred the chicken.

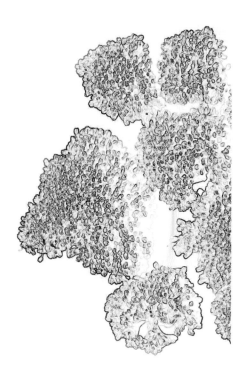

Sopa de chayote y chile poblano

Preparación: 15 min.   Cocción: 30 min.   Total: 45 min.

El chayote es una verdura poco apreciada. La mayor parte de las personas la considera aburrida y sin sabor debido a que sólo la han probado hervida y con un poco de mantequilla, o quizás, si bien les fue, con un poco de perejil picado. Esta receta resalta lo mejor del chayote combinándolo con otros dos ingredientes autóctonos, el chile poblano y el elote. Aunque no le guste mucho la comida picante, añada por lo menos un chile poblano. Le dará a la sopa un sabor más interesante, sin que realmente pique.

8 porciones de 1.5 tazas

2	chiles poblanos asados y pelados, sin semillas (ver página 16)
1 cucharada	aceite de oliva
3 dientes	ajo finamente picados
1 y 1/2 tazas	cebolla blanca picada
900 g	chayote pelado y picado
1 taza	elote
6 tazas	caldo de pollo caliente (ver página 10)
1 taza	crema mexicana, o crema espesa
1 cucharadita	sal, o bien sal al gusto
1/2 cucharadita	pimienta blanca

1. Córtelos los chiles poblanos en rajas y déjelos reposar.

2. En una olla grande ponga a calentar a fuego medio el aceite de oliva. Cuando esté caliente añada el ajo y la cebolla. Sofríalos de 8 a 10 minutos.

3. Agregue el chayote, el elote, el caldo de pollo y también los chiles poblanos asados. Deje hervir a fuego lento durante aproximadamente 20 minutos, o hasta que el chayote esté suave.

Calorías:	206
Total de grasas:	14.1 g
Grasas saturadas:	7.3 g
Carbohidratos:	16.2 g
Fibra:	1.2 g

cont. . . .

CHAYOTE AND CHILE POBLANO SOUP

Preparation: 15 min. Cook: 30 min. Total: 45 min.

Chayote is an often misunderstood vegetable. Most people think of it as boring and tasteless, since they've only had it boiled in water and served with a little melted butter or perhaps, if they were lucky, some chopped parsley. This recipe showcases chayote at its best, combining it with two other native Mexican ingredients: poblano chiles and corn. Even if you're not a fan of spicy food, go ahead and add at least one of the poblano chiles. It will give the soup a more complex flavor without really heating it up.

8 1 1/2-cup servings

2	poblano chiles, roasted and cleaned (see page 17)
1 tablespoon	olive oil
3 cloves	garlic, minced
1 1/2 cups	white onion, chopped
2 pounds	chayote, peeled and chopped
1 cup	corn
6 cups	chicken broth, heated (see page 11)
1 cup	Mexican cream or heavy cream
1 teaspoon	salt, or to taste
1/2 teaspoon	white pepper

1. Cut poblano chiles into strips and set aside.
2. Place the olive oil in a large stock pot over medium-high heat. When hot, add the garlic and onion. Sauté for about 8–10 minutes.
3. Add the chayote, corn, and chicken broth, as well as the roasted poblano chiles. Let simmer for about 20 minutes or until the chayote is soft.

Calories:	206
Total fat:	14.1 g
Saturated fat:	7.3 g
Carbohydrates:	16.2 g
Fiber:	1.2 g

cont. . . .

4. Licue la sopa, en dos tandas, para hacerla puré en un procesador de alimentos (una licuadora de mano es ideal en este caso).

5. Una vez licuada toda la sopa, viértala nuevamente en la olla, agregue la crema, la sal y la pimienta y mezcle todo.

VARIACIÓN BAJA EN CARBOHIDRATOS:
Suprima la taza de elote reduciendo así los carbohidratos a 11 gramos.

VARIACIÓN BAJA EN GRASAS:
Use leche baja en grasas y reduzca las calorías a 116 y además reste 10 gramos del total de las grasas.

 Agregue 2 chiles poblanos asados.

PLANEE CON ANTICIPACIÓN:
Uno o dos días antes puede asar y desvenar los chiles poblanos y/o preparar el caldo de pollo.

Esta sopa se conserva bien congelada, así que haga el doble de lo que necesita y guarde la mitad para otra ocasión.

4. Place the soup in a food processor in two parts and purée. (An immersion blender actually works best.)

5. Once all the soup is puréed, return it to the stock pot. Add the cream, salt, and pepper. Blend.

LOW-CARB OPTION:

Omit the cup of corn and lower the carbs to 11 grams.

LOW-FAT OPTION:

Use low-fat milk instead of the cream and lower the calories to 116, as well as shedding 10 grams of total fat.

 Add 2 more roasted poblano chiles.

PLAN AHEAD:

1–2 days in advance: roast and clean the poblano chiles. Make the chicken broth.

This soup freezes well, so make a double batch and set half aside for another day.

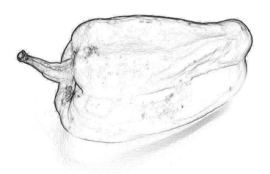

39

SOPA DE PESCADO PICANTE

Preparación: 10 min.   Cocción: 30 min.   Total: 40 min.

Las sopas de pescados y mariscos son muy comunes en todo México, tanto en la playa como en las altas montañas del desierto. Aún en días calurosísimos y húmedos la sopa es más popular que las ensaladas. Por lo general la sopas de pescado se sirven picantes, con mucho jugo de limón, un caldo de tomate y verduras frescas, incluyendo papas y elote. Eliminé ambos para ofrecerle una sopa más saludable y baja en carbohidratos.

6 porciones de 1.5 tazas

1 cucharada	aceite de oliva
250 g	filete de pescado picado [lubina (corvina) o huachinango (pargo)*]
1 cucharada	aceite de oliva
1 taza	cebolla blanca picada
2	jitomates picados
3 dientes	ajo picados
2	calabacitas picadas
1	chile serrano desvenado y picado
1/2 cucharadita	orégano seco
6 tazas	caldo de pollo caliente (ver página 10) sal al gusto
1/4 de taza	cilantro fresco picado rebanadas de aguacate limones verdes partidos en dos

Calorías:	**88**
Total de grasas:	**5.5 g**
Grasas saturadas:	**0.8 g**
Carbohidratos:	**7.4 g**
Fibra:	**0.8 g**

1. En una olla grande caliente el aceite de oliva a fuego entre medio y alto. Cuando este bien caliente agregue el pescado y sofríalo hasta que esté cocido. Quítelo del fuego y déjelo reposar.

40

cont. . . .

SPICY FISH SOUP

Preparation: 10 min.   Cook: 30 min.   Total: 40 min.

Fish and seafood soups are common throughout Mexico, whether you're on the beach or in the high desert mountains. Even on a steamy, hot day, soup is a more sought after meal than salad. Usually fish soups are served spicy, with lots of lime juice, a tomato broth, and fresh vegetables, including potatoes and corn. I've eliminated these last two items to offer you a healthier, low-carb soup.

6 1 1/2-cup servings

1 tablespoon	olive oil
1/2 pound	fish fillet, chopped (either sea bass or red snapper*)
1 tablespoon	olive oil
1 cup	white onion, chopped
2	Roma tomatoes, chopped
3 cloves	garlic, minced
2	zucchini, chopped
1	serrano chile, seeded and minced
1/2 teaspoon	dried oregano
6 cups	chicken broth, heated (see page 11)
	salt to taste
1/2 teaspoon	black pepper
1/4 cup	fresh cilantro, chopped
	avocado slices
	Mexican lime halves

1. Heat the olive oil in a large stock pot over medium-high heat. When hot, add the fish and sauté until cooked. Remove and set aside.

Calories:	88
Total fat:	5.5 g
Saturated fat:	0.8 g
Carbohydrates:	7.4 g
Fiber:	0.8 g

cont. . . .

2. Ponga la segunda cucharada de aceite de oliva en la olla, añada la cebolla, el jitomate y el ajo y sofríalos aproximadamente 10 minutos o hasta que los tomates se deshagan y se comience a formar una pasta.

3. Agregue las calabacitas, el chile y el orégano seco y cueza durante 3 o 4 minutos más.

4. Añada el caldo de pollo, la sal y la pimienta. Ponga el pescado cocido en el caldo y deje cocinar durante 10 minutos.

5. Adorne la sopa con cilantro picado y rebanadas de aguacate. Sirva a un lado mitades de limón.

Agregue 2 o 3 chiles serranos más o unas gotas de salsa Tabasco.

PLANEE CON ANTICIPACIÓN:
Haga el caldo de pollo 1 o 2 días antes.

*Si quiere que el caldo tenga un sabor fuerte a pescado use bagre (siluro).

2. Place the other tablespoon of olive oil in the stock pot. Add the onion, tomato, and garlic. Sauté for about 10 minutes or until the tomatoes break down and start to form a paste.

3. Add the zucchini, chile, and dried oregano. Cook for another 3–4 minutes.

4. Add the chicken broth, salt, and pepper. Return the cooked fish to the stock pot and simmer for 10 minutes.

5. Garnish the soup with chopped cilantro and avocado slices. Serve Mexican lime halves on the side.

 Add another 2–3 minced serrano chiles or a few drops of Tabasco sauce.

PLAN AHEAD:
1–2 days in advance: make the chicken broth.

*If you like a strong fish flavor, try catfish.

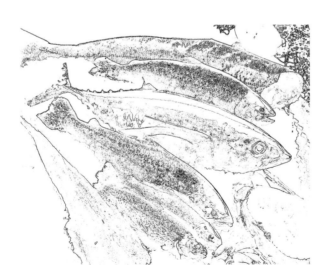

Sopa de limón con cilantro

Preparación: 15 min.   Cocción: 25 min.   Total: 40 min.

Esta sopa es una variación de la famosa sopa de limón de la península de Yucatán. La diferencia principal es que se le incorporan verduras al jugo de limón, el cilantro y el pollo. Es saludable por ser natural y puede ser parte de casi cualquier dieta.

6 porciones de 1.5 tazas

1 cucharada	aceite de oliva
1 taza	cebolla blanca picada
2 dientes	ajo finamente picados
1	chile serrano, desvenado y picado
1/2 taza	elote en grano
2	jitomates picados
1/2 taza	calabacitas
6 tazas	caldo de pollo caliente (ver página 10)
1/4 de taza	cilantro picado
1/4 de taza	jugo de limón, fresco
1 taza	pollo cocido y deshebrado
	sal al gusto

1. Ponga el aceite de oliva en una olla grande a fuego entre medio y alto. Agregue la cebolla y el ajo. Sofría de 8 a 10 minutos.

2. Añada el chile serrano, el maíz, los jitomates y la calabacita y sofría todo durante otros 5 minutos.

3. Agregue el caldo de pollo, el cilantro, el jugo de limón y el pollo deshebrado. Baje la temperatura a fuego medio y cocínelo durante 10 minutos. Añada sal al gusto.

Calorías:	91
Total de grasas:	3.8 g
Grasas saturadas:	0.8 g
Carbohidratos:	8 g
Fibra:	0.5 g

44

cont. . . .

LIME AND CILANTRO SOUP

Preparation: 15 min.   Cook: 25 min.   Total: 40 min.

This soup is an elaborate version of the famous Lime Soup of the Yucatan Peninsula. The main difference here is that it incorporates vegetables along with the lime juice, cilantro, and chicken. It's naturally healthy and be can eaten on almost any diet.

6 11/2-cup servings

1 tablespoon	olive oil
1 cup	white onion, chopped
2 cloves	garlic, minced
1	serrano chile, seeded and minced
1/2 cup	corn
2	Roma tomatoes, chopped
1/2 cup	zucchini, chopped
6 cups	chicken broth, heated (see page 11)
1/4 cup	cilantro, chopped
1/4 cup	fresh Mexican lime juice
1 cup	shredded cooked chicken
	salt to taste

1. Place the olive oil in a large stock pot over medium-high heat. Add the onion and garlic. Sauté for 8–10 minutes.
2. Add the serrano chile, corn, tomatoes, and zucchini. Sauté for another 5 minutes.
3. Add the chicken broth, cilantro, lime juice, and shredded chicken. Lower to medium heat and allow to simmer for 10 minutes. Salt to taste.

Calories:	91
Total fat:	3.8 g
Saturated fat:	0.8 g
Carbohydrates:	8 g
Fiber:	0.5 g

cont. . . .

45

VARIACIÓN BAJA EN CARBOHIDRATOS:

Suprima la taza de elote.

 Agregue unos cuantos chiles serranos más.

PLANEE CON ANTICIPACIÓN:

Haga el caldo y deshebre el pollo 1 o 2 días antes.

*Esta sopa se puede conservar congelada por un periodo de hasta 2 meses.

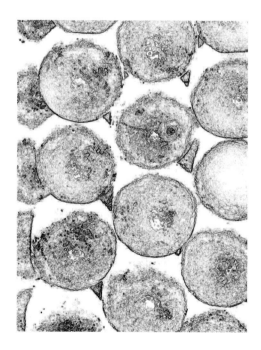

LOW-CARB OPTION:

Omit the cup of corn.

 Add a few more serrano chiles.

PLAN AHEAD:

1–2 days in advance: make the broth and shred the chicken.

*This soup freezes well for up to 2 months.

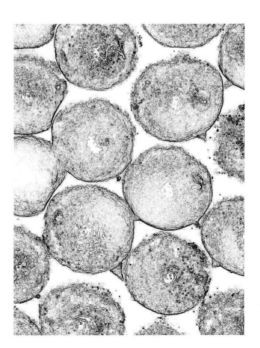

SOPA DE VERDURAS A LA MEXICANA

Preparación: 15 min.   Cocción: 35 min.   Total: 50 min.

En un frío día de invierno no hay nada más reconfortante y nutritivo que comer un plato humeante de sopa de verduras. Afortunadamente, en la mayor parte de México el invierno no es demasiado severo, aunque las temperaturas bajan mucho durante algunos meses. Si pensamos que la mayor parte de las casas sólo cuentan con una chimenea o un calentador de gas para calentarse, la sopa caliente no es únicamente práctica sino resulta esencial. Esta receta es muy versátil, por lo que puede utilizar sus verduras favoritas y hasta añadir carne deshebrada.

8 porciones de 1.5 tazas

1 cucharadita	aceite de oliva
4 dientes	ajo picados
1/2 taza	cebolla finamente picada
1	chayote picado
1	calabacita picada
1/2 taza	champiñones picados
1/2 taza	elotes
2	jitomates picados
1 taza	espinaca picada
8 tazas	caldo de pollo caliente (ver página 10)
1/4 de taza	cilantro picado
	sal al gusto
	pimienta negra al gusto

Calorías:	**74**
Total de grasas:	**3.1 g**
Grasas saturadas:	**0.5 g**
Carbohidratos:	**8.7 g**
Fibra:	**0.8 g**

1. Ponga el aceite de oliva en una olla grande a fuego de medio a alto. Cuando esté caliente, agregue el ajo y luego la cebolla y sofríalos durante 5 minutos.

2. Agregue el chayote y cueza otros 5 minutos.

48

cont. . . .

Mexican Vegetable Soup

Preparation: 15 min.   Cook: 35 min.   Total: 50 min.

Nothing is more comforting or nutritious than a steaming bowl of vegetable soup on a cold winter day. Luckily, in most parts of Mexico, winter isn't too severe, although the temperatures do drop drastically for a few months. Considering most homes are still heated with only fireplaces or a gas heater, hot soup is not just practical, but essential. This recipe is very versatile, so you can easily substitute any of your favorite vegetables or add some shredded meat.

8 1 1/2-cup servings

1 tablespoon	olive oil
4 cloves	garlic, minced
1/2 cup	onion, finely chopped
1	chayote, chopped
1	zucchini, chopped
1/2 cup	mushrooms, chopped
1/2 cup	corn
2	Roma tomatoes, chopped
1 cup	spinach, chopped
8 cups	chicken broth, heated (see page 11)
1/4 cup	cilantro, chopped
	salt to taste
	black pepper to taste

1. Place the olive oil in a large stock pot over medium-high heat. When hot, add the garlic and then the onion. Sauté for 5 minutes.

2. Add the chayote and cook for another 5 minutes.

Calories:	74
Total fat:	3.1 g
Saturated fat:	0.5 g
Carbohydrates:	8.7 g
Fiber:	0.8 g

cont. . . .

49

3. Añada la calabacita, los champiñones, el elote, los jitomates y la espinaca y cueza durante otros 5 minutos adicionales.

4. Vierta el caldo de pollo, caliente hasta que rompa el hervor. Baje el fuego a medio y cueza de 15 a 20 minutos o hasta que el chayote esté suave.

5. Añada el cilantro, la sal y la cebolla y mezcle todo muy bien.

VARIACIÓN BAJA EN CARBOHIDRATOS:
Elimine el elote.

 Añada unos cuantos chiles chipotle al caldo mientras se cuece.

PLANEE CON ANTICIPACIÓN:
Haga el caldo 1 o 2 días antes.

*Esta sopa se puede conservar congelada por un periodo de hasta 2 meses.

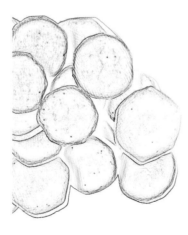

50

3. Add the zucchini, mushrooms, corn, tomatoes, and spinach. Continue cooking for an additional 5 minutes.

4. Cover with the hot chicken broth and bring the soup to a boil. Lower to medium heat and simmer for about 15–20 minutes or until the chayote is soft.

5. Add the cilantro, salt, and pepper. Blend.

LOW-CARB OPTION:
Omit the corn.

 Add a few chipotle chiles to the simmering broth.

PLAN AHEAD:
1–2 days in advance: make the broth.

*This soup freezes well for up to 2 months.

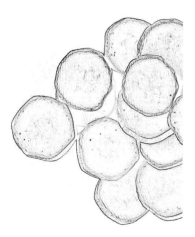

Ensaladas y Antojitos

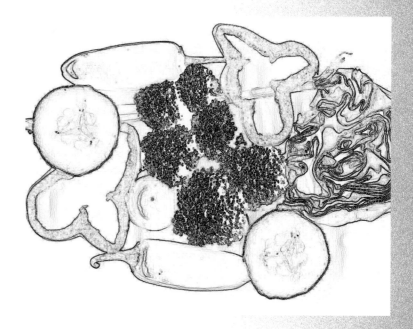

Salads and Starters

GUACAMOLE

Preparación: 15 min.   Cocción: 0 min.   Total: 15 min.

El guacamole es el complemento perfecto para casi cualquier platillo mexicano. Tradicionalmente, se usa para acompañar la carne, en los tacos, o para untar en sándwiches en lugar de mayonesa o mantequilla. También combina muy bien con carne de res, puerco y pollo a la parrilla. Al hacer esta receta recuerde cortar los aguacates en el último momento. Puede picar el resto de los ingredientes unas horas antes, pero incluir al final los aguacates hará una enorme diferencia tanto en el sabor como en el color.

4 porciones/ 3 tazas

3	aguacates maduros (de preferencia Hass)*
1/2	cebolla blanca mediana finamente picada
2	jitomates picados
1	chile serrano, desvenado y picado
2 cucharadas	cilantro picado
1 cucharadita	jugo de limón
1/2 cucharadita	sal, o sal al gusto

1. Corte los aguacates en dos y quíteles el hueso. Saque toda la carne del aguacate, póngala en un platón y muélala hasta hacerla puré y que la mezcla quede bastante homogénea.

2. Agregue la cebolla, los jitomates, los chiles, el cilantro, el jugo de limón y la sal. Mezcle bien todos los ingredientes.

 Agregue más chiles serranos o jalapeños si lo desea.

Calorías:	145
Total de grasas:	11.6 g
Grasas saturadas:	1.9 g
Carbohidratos:	8.2 g
Fibra:	1.9 g

54

cont. . . .

GUACAMOLE

Preparation: 15 min.   Cook: 0 min.   Total: 15 min.

Guacamole is the perfect accompaniment to almost any Mexican dish. It's traditionally used to spoon on meats or tacos or as a sandwich spread in place of mayonnaise or butter. It's also great alongside grilled steaks, pork, and chicken. Remember when making this recipe to hold off cutting the avocados until the last minute. You can chop the other ingredients a few hours beforehand, but saving the avocados until last will make quite a difference in the flavor . . . and coloring.

4 servings/ 3 cups

3	ripe avocados (preferably Hass)*
1/2	medium white onion, finely chopped
2	Roma tomatoes, chopped
1	serrano chile, seeded and minced
2 tablespoons	cilantro, chopped
1 teaspoon	Mexican lime juice
1/2 teaspoon	salt, or to taste

1. Cut the avocados in half and remove the pits. Scoop the flesh out into a bowl and mash with a fork until the mixture is somewhat smooth.
2. Add the onion, tomatoes, chile, cilantro, lime juice, and salt. Mix well.

 Add additional serrano chiles or jalapeños if you like.

Calories:	145
Total fat:	11.6 g
Saturated fat:	1.9 g
Carbohydrates:	8.2 g
Fiber:	1.9 g

cont. . . .

*En los supermercados de Estados Unidos casi siempre encontrará aguacates sin madurar y que por lo general están duros como piedras. Los aguacates no se maduran en los árboles sino posteriormente, cuando se encuentran en un ambiente cálido. Tomando esto en cuenta, cómprelos con unos días de anticipación y déjelos sin refrigerar hasta que pierdan su dureza y estén listos para usarse. Se recomiendan los aguacates Hass puesto que se ennegrecen menos rápidamente que otras variedades.

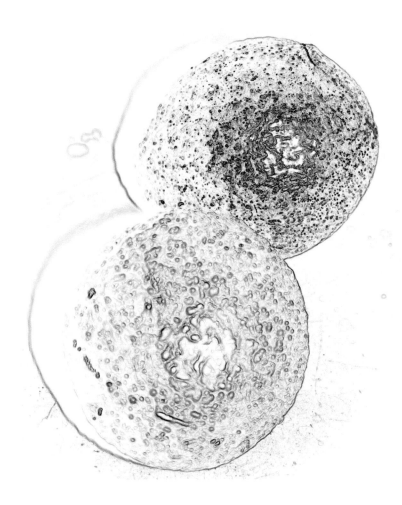

*In U.S. supermarkets you will almost always find unripened avocados, which are usually hard as a rock. Avocados do not ripen on the tree, but afterwards when placed in a warm environment. So with this in mind, buy them a few days ahead of time and let them sit unrefrigerated until they are soft and ready to use. Hass avocados are recommended because their flesh darkens more slowly than other varieties.

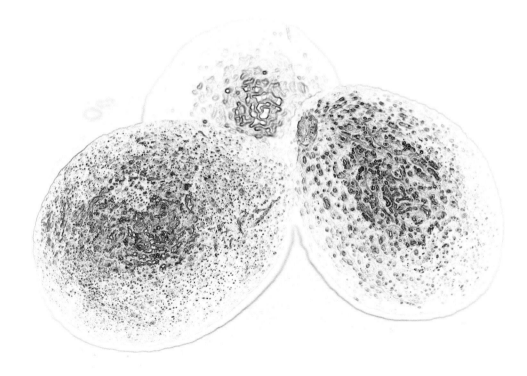

Pico de gallo y aguacate en trozos

Preparación: 15 min.   Cocción: 0 min.   Total: 15 min.

Su nombre no tiene nada que ver con la salsa, pero por lo menos hay que admitir que es imaginativo. Otros términos que se utilizan para referirse a la mezcla de cebollas, tomates y chiles son salsa fresca, o salsa cruda. Mi variación viene de Mercedes Arteaga propietaria del restaurante la "Bugambilia" de San Miguel de Allende, que sirvió algo similar a esta receta en una clase que dio en uno de mis recorridos culinarios. En ese momento pensé cómo puede algo tan sencillo ser tan delicioso. Piense en el pico de gallo como un complemento perfecto y saludable y utilícelo en lugar de salsas, aderezos y mayonesas comerciales. Va de maravilla con carnes a la parrilla y verduras y también resulta un buen complemento de sopas y sándwiches.

8 porciones/ aproximadamente 4 tazas

1	cebolla blanca mediana, picada
3	jitomates, picados en trozos
2	chiles serranos, desvenados, cortados en trozos
2	aguacates, más o menos firmes, cortados en trozos
2 cucharadas	cilantro picado
2 cucharaditas	jugo de limón
1/2 cucharadita	sal, o sal al gusto

1. Ponga la cebolla, los tomates, los chiles y los aguacates en un tazón mediano y mezcle bien todos los ingredientes.

2. Agregue el cilantro, el jugo de limón y la sal. Mezcle todo bien.

Calorías:	111
Total de grasas:	7.9 g
Grasas saturadas:	1.2 g
Carbohidratos:	8.4 g
Fibra:	0.5 g

58

cont. . . .

Chunky Pico de Gallo

Preparation: 15 min.   Cook: 0 min.   Total: 15 min.

Pico de Gallo literally means rooster's beak in Spanish, which has nothing to do with the actual salsa, but at least you can't say the name is unimaginative. Other terms for the uncooked mixture of onions, tomatoes, and chiles are *Salsa Fresca* or *Salsa Cruda*. My variation comes from Mercedes Arteaga, owner of La Bugambilia restaurant in San Miguel de Allende, who once served something similar to the recipe below for a cooking class she taught during one of my culinary tours. I thought at the time, how can something so simple be so delicious. Think of *Pico de Gallo* as the perfect healthy condiment and use it in place of bottled salsas, dressings, and mayonnaise. It goes great with grilled meats and vegetables and is also a nice complement to soups and sandwiches.

8 servings/ approximately 4 cups

1	medium white onion, chopped
3	Roma tomatoes, chopped
2	serrano chiles, seeded and minced
2	avocados (somewhat firm), chopped
2 tablespoons	cilantro, chopped
2 teaspoons	Mexican lime juice
1/2 teaspoon	salt, or to taste

1. Place the onion, tomatoes, chiles, and avocados in a medium-sized bowl. Mix well.
2. Add the cilantro, lime juice, and salt. Mix again.

Calories:	111
Total fat:	7.9 g
Saturated fat:	1.2 g
Carbohydrates:	8.4 g
Fiber:	0.5 g

cont. . . .

VARIACIÓN BAJA EN CARBOHIDRATOS:

Use un solo aguacate en la receta.

VARIACIÓN BAJA EN GRASAS:

Suprima el aguacate, sin él esta receta no contendrá grasas y también tendrá 1/4 menos de calorías.

 Añada más chiles serranos picados.

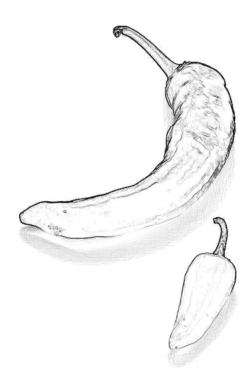

LOW-CARB OPTION:

Only use one avocado for the recipe.

LOW-FAT OPTION:

If you omit the avocado completely, this recipe will contain no fat. The calories will also be reduced by 1/4.

 Add additional minced serrano chiles.

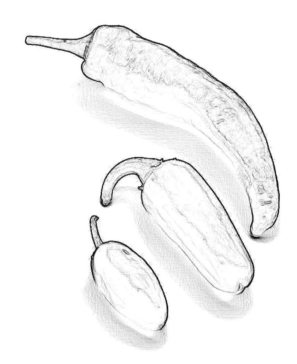

CHAMPIÑONES AL AJILLO

Preparación: 10 min.   Cocción: 10 min.   Total: 20 min.

Los champiñones y el chile hacen una mezcla picosa que puede servirse como primer plato con unas tortillas de maíz, sin embargo, saben aún mejor cuando se sirven como guarnición con carne asada. Por lo general, esta receta se prepara con champiñones, que se cultivan en todo México (existen una granja productora en las afueras de San Miguel), pero también pueden utilizar distintas variedades de hongos silvestres, tales como shiitake, ostra (también conocidos como hongos de cazahuate, o de maguey), o cantarelas (conocidos también como duraznitos).

6 porciones de 1/4 taza

2	chiles pasilla
1 cucharada	aceite de oliva
12	ajos finamente picados
450 g	champiñones rebanados
1 cucharada	perejil picado
3/4 de cucharadita	sal, o sal al gusto

1. Corte los chiles pasilla en rajas delgadas y quíteles todas las semillas. Déjelos reposar.

2. Ponga el aceite de oliva en una sartén grande a fuego entre medio y alto. Cuando esté caliente agregue el ajo y sofríalo durante un minuto.

3. Agregue los chiles pasilla en rajas y continúe cocinándolos 2 ó 3 minutos más.

4. Añada los hongos y cuézalos durante 5 minutos más o hasta que estén suaves.

5. Espolvoree el perejil y la sal. Sírvalos calientes.

Sustituya el chile pasilla por guajillo. Si desea que sea muy picante póngale entre 4 y 5 chiles de árbol.

PLANEE CON ANTICIPACIÓN: Corte los chiles en tiras y tire las semillas 1 ó 2 días antes.

Calorías:	**54**
Total de grasas:	**2.6 g**
Grasas saturadas:	**0.4 g**
Carbohidratos:	**5.6 g**
Fibra:	**0.7 g**

62

GARLICKY MUSHROOMS

Preparation: 10 min.   Cook: 10 min.   Total: 20 min.

This fiery mixture of mushrooms and chiles is great served as a first course along with a few corn tortillas; however, it's even better as an accompaniment to grilled meats. This dish is usually prepared with button mushrooms, which are cultivated throughout Mexico (we even have a large mushroom farm right outside of San Miguel de Allende), but also try using different varieties of wild mushrooms, such as shiitake, oyster, or chanterelles.

6 1/4-cup servings

2	pasilla chiles
1 tablespoon	olive oil
12 cloves	garlic, minced
1 pound	mushrooms, sliced
1 tablespoon	parsley, chopped
3/4 teaspoon	salt, or to taste

1. Cut the pasilla chiles into thin strips and discard all the seeds. Set aside.
2. Place the olive oil in a large frying pan over medium-high heat. When hot, add the garlic and sauté for one minute.
3. Add the sliced pasilla chiles and continue cooking 2–3 more minutes.
4. Add the mushrooms and cook for another 5 minutes or until soft.
5. Stir in the parsley and salt. Serve warm.

Substitute guajillo chiles for a spicier flavor. For intense heat, use 4–5 whole arbol chiles.

PLAN AHEAD: 1–3 days in advance: cut the pasilla chiles into strips, discard the seeds.

Calories:	54
Total fat:	2.6 g
Saturated fat:	0.4 g
Carbohydrates:	5.6 g
Fiber:	0.7 g

63

ENSALADA DE NOPALITOS ASADOS

Preparación: 10 min.   Cocción: 20 min.   Total: 30 min.

Los nopales son una parte fundamental y muy sana de la dieta mexicana, especialmente en la zona desértica del altiplano, que comprende toda la región central del país. Tradicionalmente, en los hogares se come el nopal varias veces a la semana, por lo general mezclado con ajo, cebolla, tomate y cilantro. Esta mezcla se come en tacos, gorditas, guisados y aún en huevos revueltos, como parte de un desayuno completo (fuerte). En lugar de usar el comal,* puede asar los nopales en el horno, dándoles un toque moderno. También puede hervir los nopales en agua, aunque de esta forma la textura es un tanto viscosa (babosa), como la del calalú (okra), mientras que si se asa se evapora el exceso de líquido.

8 porciones de 1/2 taza

8	nopales medianos sin espinas*
1 cucharada	aceite de oliva
1 cucharadita	sal
3	jitomates picados
1	cebolla blanca chica picada
2 dientes	ajo finamente picados
1	chile serrano, desvenado y finamente picado
1/4 de taza	cilantro picado
2 cucharaditas	jugo de limón

1. Caliente el horno a 180° C.
2. Corte los nopales en cuadritos de 1 pulgada.
3. Ponga los nopales en una charola para el horno y espolvoréelos con aceite de oliva y sal. Colóquelos en el horno y revuélvalos de cuando en cuando hasta que estén suaves y que la mayoría del líquido se haya evaporado, aproximadamente 20 minutos.

Calorías:	39
Total de grasas:	2.4 g
Grasas saturadas:	0.3 g
Carbohidratos:	3.8 g
Fibra:	0.5 g

64

cont. . . .

ROASTED CACTUS SALAD

Preparation: 10 min.   Cook: 20 min.   Total: 30

Nopales, or prickly pear cactus paddles, are a basic and healthy staple of the Mexican diet, especially in the high desert, which encompasses the entire central region of the country. In traditional homes, nopales are served a few times a week, usually mixed with garlic, onion, tomato, and cilantro. This mixture is then placed in tacos, gorditas, stews, and even with scrambled eggs for a hearty breakfast. For a modern touch, roast the nopales in the oven rather than using a *comal* (a thin sheet of metal or unglazed clay) over a gas flame. Nopales can also be boiled in water; however this leaves the texture somewhat slimy, like okra, whereas the roasting dries out the excess liquid.

8 1/2-cup servings

8	medium cactus paddles (nopales),* spines removed
1 tablespoon	olive oil
1 teaspoon	salt
3	Roma tomatoes, chopped
1	small white onion, chopped
2 cloves	garlic, minced
1	serrano chile, seeded and finely chopped
1/4 cup	chopped cilantro
2 teaspoons	Mexican lime juice

1. Preheat the oven to 350° F.
2. Cut the cactus paddles into 1-inch squares.
3. Transfer the cactus to a baking sheet, tossing it with olive oil and salt. Place in the oven. Stir occasionally until tender and the majority of the liquid has evaporated, about 20 minutes.

Calories:	**39**
Total fat:	**2.4 g**
Saturated fat:	**0.3 g**
Carbohydrates:	**3.8 g**
Fiber:	**0.5 g**

cont. . . .

65

4. En un platón grande mezcle los jitomates, la cebolla, el ajo, el chile serrano y el cilantro.

5. Agregue los nopalitos asados y el jugo de limón al platón, añada sal al gusto.

6. Sirva la ensalada de nopalitos sobre lechuga o como guarnición.

Agregue 2 ó 3 chiles serranos picados.

* La mayoría de las tiendas venden pencas de nopal peladas. Sin embargo, si no hay disponibles en su área, usted las puede pelar sosteniendo la base de la penca y pelando la superficie con un cuchillo muy filoso. Trate de no cortar mucha parte de la piel.

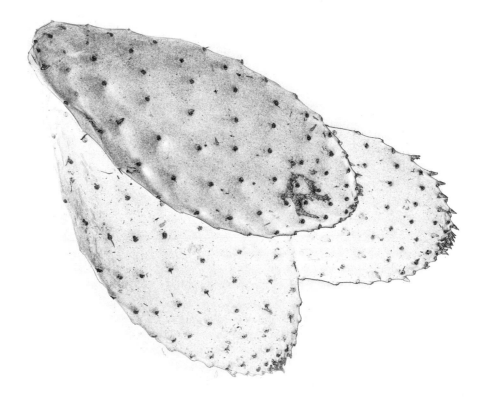

4. In a large bowl, mix the tomatoes, onion, garlic, serrano chile, and cilantro.
5. Add the roasted cactus and lime juice to the bowl. Add more salt if needed.
6. Serve the cactus salad on a bed of lettuce or as a side dish.

 Add another 2–3 chopped serrano chiles.

* Most stores sell cactus paddles with the spines already removed. However, if they are not available in your area, you can remove them yourself by holding the base of the cactus paddle and scraping downward with a sharp knife. Try not to cut off too much of the skin.

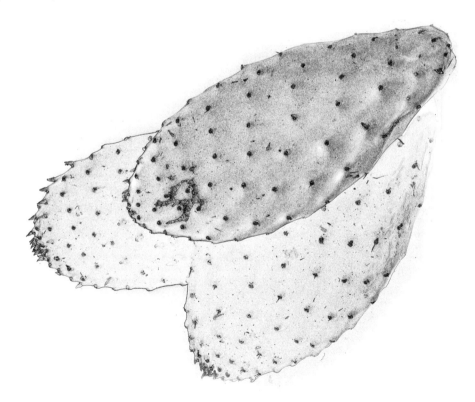

ENSALADA VERDE CON JÍCAMA, MANGO Y PEPINO

Preparación: 15 min.   Cocción: 0 min.   Total: 15 min.

Es frecuente encontrar en México vendedores ambulantes que ofrecen alimentos naturales y saludables, tales como rebanadas de fruta y jícama con chile en polvo y un poco de jugo de limón. Esta receta es una variación de esta idea, e incorpora esta golosina en una ensalada que resulta nutritiva y diferente. Si utiliza aceite de oliva en lugar de aderezos más densos las grasas se reducen a un mínimo; sin embargo, lea la nota que aparece en la parte inferior si desea una idea original.

4 porciones de 2.5 tazas

1	mango grande
1	jícama pequeña
1	pepino
6 tazas	verduras de hoja (lechuga, etc.)
1/4 de taza	almendras tostadas

1. Pele el mango y quítele el hueso cortando la carne en rebanadas de cada lado. Corte la carne en tiras de 1.25 cm. Haga lo mismo con la jícama.
2. Pele el pepino y quítele las semillas. Córtelo en tiras de 1.25 cm de ancho.
3. Reparta en los cuatro platos la lechuga. Encima póngale las rebanadas de mango, jícama y pepino.
4. Espolvoree las almendras tostadas.
5. Sirva con un buen aceite de oliva virgen al lado.*

VARIACIÓN BAJA EN CARBOHIDRATOS:
Si elimina los mangos los carbohidratos se reducirán a 8.2 gramos.

Calorías:	128
Total de grasas:	5.9 g
Grasas saturadas:	0.6 g
Carbohidratos:	15.2 g
Fibra:	1.7 g

68

cont. . . .

Green Salad with Jicama, Mango, and Cucumber

Preparation: 15 min.   Cook: 0 min.   Total: 15 min.

Street vendors in Mexico often sell healthy, natural food, such as fruit and jicama slices topped with chile powder and drizzled with lime juice. This recipe is a variation of that idea, incorporating a favorite treat into a nutritional and exciting salad. Using olive oil instead of a heavier dressing keeps the fat to a minimum; however, read the note below if you're looking for something more.

4 21/2-cup servings

1	large mango
1	small jicama
1	cucumber
6 cups	mixed greens
1/4 cup	slivered almonds, toasted

1. Peel the mango and remove the pit by slicing off the flesh from each side. Cut the mango into 1/2-inch-wide strips. Do the same with the jicama.
2. Peel the cucumber and remove the seeds. Cut into 1/2-inch-wide strips.
3. Divide the lettuce among 4 plates. Top with the mango, jicama, and cucumber strips.
4. Sprinkle on the toasted almonds.
5. Serve with a good virgin olive oil on the side.*

LOW-CARB OPTION:

Eliminate the mangoes and the carbs will drop to 8.2 grams.

Calories:	128
Total fat:	5.9 g
Saturated fat:	0.6 g
Carbohydrates:	15.2 g
Fiber:	1.7 g

cont. . . .

VARIACIÓN BAJA EN GRASAS:

Si suprime las almendras, las grasas bajarán a 1.2 gramos.

*Si desea un aderezo para ensalada más sustancioso, haga la receta de su salsa vinagreta favorita. Coloque 2 tazas en la licuadora junto con un mango pequeño, 1 cucharadita de jugo de limón y 1/2 cucharadita de páprika, muela todo. (Trate de no utilizar aderezos para ensalada embotellados, puesto que contienen azúcares y preservativos ocultos.)

VARIACIÓN:

Prepare esta combinación de verduras y frutas como una salsa para pescado o pollo asado. Corte la jícama el pepino y el mango en pequeños trozos. Agregue 1/4 de taza de cebolla roja picada, 2 cucharadas de cilantro, 2 cucharadas de jugo de limón y sal al gusto.

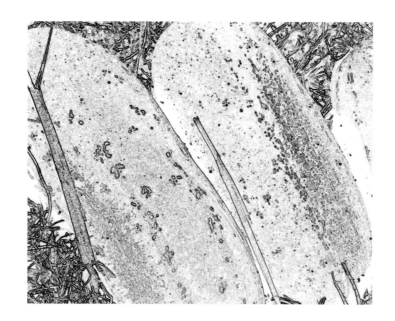

LOW-FAT OPTION:

Eliminate the almonds and the total fat will drop to 1.2 grams.

*If you would like a more substantial salad dressing, make a recipe of your favorite vinaigrette. Place 2 cups in the blender along with the flesh of a small mango, 1 teaspoon of lime juice, and 1/2 teaspoon of paprika. Purée. (Try staying away from bottled salad dressings, which contain hidden sugars and preservatives.)

VARIATION:

Make this delicious combination of vegetables and fruit into a salsa for grilled fish or chicken—

Chop the jicama, cucumber, and mango into small pieces.

Add 1/4 cup chopped red onion, 2 tablespoons chopped cilantro, 2 tablespoons Mexican lime juice, and salt to taste.

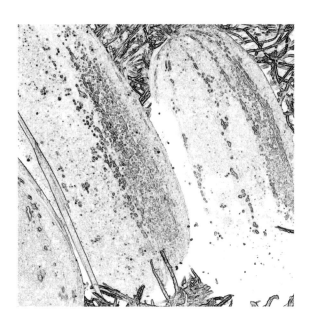

ENSALADA DE CEVICHE DE CAMARÓN

Preparación: 15 min.   Cocción: 0 min.   Total: 15 min.

El ceviche generalmente es una mezcla de trocitos de pescado crudo marinado en jugo de limón hasta que se cuece y, servido con jitomate, cebolla y chile picados. Este método de vaciar jugo de limón sobre el pescado crudo se dice que se originó en la época precolombina. El ceviche todavía es increíblemente popular en gran parte de América Latina, desde El Perú hasta México. Esta receta de ceviche le agrega un toque moderno a la versión clásica: sustituyendo el pescado crudo por camarones cocidos, y agregando lo crujiente de la jícama y el pepino.

6 porciones de 1.5 tazas

450 g	camarón pequeño cocido
1 taza	cebolla roja picada
3	jitomates picados
1 y 1/2 tazas	jícama picada
1 taza	pepino picado sin semillas
2	chiles serranos desvenados y finamente picados
3 cucharadas	aceite de oliva
3 cucharadas	jugo de limón
1/4 de taza	cilantro picado
	sal al gusto
12 hojas	lechuga

1. Ponga los camarones, la cebolla, el jitomate, la jícama, el pepino y los chiles serranos en un platón grande.
2. Agregue el aceite de oliva y el jugo de limón y mezcle todo bien.
3. Añada el cilantro y la sal y vuelva a mezclar todos los ingredientes.

Calorías:	180
Total de grasas:	7.9 g
Grasas saturadas:	1.2 g
Carbohidratos:	9.5 g
Fibra:	1.2 g

cont. . . .

SHRIMP CEVICHE SALAD

Preparation: 15 min.   Cook: 0 min.   Total: 15 min.

Ceviche is usually a mixture of raw fish marinated in lime juice until cooked and served with chopped tomatoes, onion, and chile. This method of pouring lime juice onto raw fish is said to have originated in pre-Columbian times. It's still incredibly popular today throughout Latin America, from Peru to Mexico. This ceviche recipe adds a modern twist to the classic version: substituting cooked shrimp for raw fish, as well as adding the crunchiness of jicama and cucumber.

6 1 1/2-cup servings

1 pound	small shrimp, cooked
1 cup	red onion, chopped
3	Roma tomatoes, chopped
1 1/2 cups	jicama, chopped
1 cup	cucumber, seeded and chopped
2	serrano chiles, seeded and minced
3 tablespoons	olive oil
3 tablespoons	Mexican lime juice
1/4 cup	cilantro, chopped
	salt to taste
12	lettuce leaves

1. Place the shrimp, onion, tomatoes, jicama, cucumber, and serrano chiles in a large bowl.
2. Add the olive oil and lime juice. Mix well.
3. Add the cilantro and salt. Mix again.

Calories:	180
Total fat:	7.9 g
Saturated fat:	1.2 g
Carbohydrates:	9.5 g
Fiber:	1.2 g

cont. . . .

4. Reparta las hojas de la lechuga y el ceviche en 6 porciones. Coloque la lechuga en cada plato y sirva encima el ceviche con una cuchara.

VARIACIÓN BAJA EN CARBOHIDRATOS:

Adorne el ceviche con rebanadas de aguacate.

Agregue más chiles serranos picados o 1/2 taza de su salsa favorita.

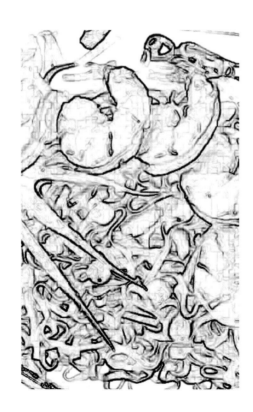

4. Divide the lettuce leaves and ceviche into 6 portions. Place the lettuce on each plate and spoon the ceviche on top.

LOW-CARB OPTION:

Garnish with sliced avocados.

 Add additional chopped serrano chiles or 1/2 cup of your favorite salsa.

Jícama con chile ancho en polvo

Preparación: 5 min.   Cocción: 0 min.   Total: 5 min.

Si está buscando el tentempié perfecto entre comidas éste es un refrigerio que se vende en carritos cargados de rebanadas de fruta y verdura fresca. Este alimento saludable y sabroso le permitirá olvidarse de productos procesados y empacados y comenzar hábitos de alimentación más nutritivos.

4 porciones de 1 taza

1	jícama grande
1 cucharada	chile ancho en polvo*
2	limones verdes

1. Pele la jícama y corte en tiritas de 1.25 cm cada una.

2. Póngale unas gotas de jugo de limón y espolvoree el chile en polvo.

VARIACIÓN BAJA EN CARBOHIDRATOS:
Sustituya la jícama con tiras de pepino sin semilla.

Si desea un platillo más picante utilice chile piquín (pimienta de cayena).

VARIACIÓN: Combine la jícama con rebanadas de pepino.

*Puede sustituir este chile por otros chiles en polvo, sin embargo, es importante tomar en cuenta que unos son más picantes que otros, y dependiendo de esta característica usar la cantidad que le guste.

Calorías:	**57**
Total de grasas:	**0.4 g**
Grasas saturadas:	**0 g**
Carbohidratos:	**12 g**
Fibra:	**1.3 g**

76

JICAMA WITH ANCHO CHILE POWDER

Preparation: 5 min.   Cook: 0 min.   Total: 5 min.

Looking for the perfect low-fat, between-meal snack? Try this everyday Mexican treat, sold from push carts loaded with fresh fruit and vegetable slices. This healthy, flavorful food will allow you to put aside packaged, processed snacks and start a new foundation for nutritious eating.

4 1-cup servings

1	large jicama
1 teaspoon	ancho chile powder*
2	Mexican limes juiced

1. Peel the jicama. Cut into 1/2-inch-wide strips.
2. Drizzle with lime juice and then sprinkle on the chile powder.

LOW-CARB OPTION:
Substitute seeded cucumber slices for the jicama.

 Knock up the heat level by using cayenne pepper.

VARIATION: Combine the jicama with cucumber slices.

*You can substitute a variety of chile powders. Just be aware that every chile powder has a different level of heat and use accordingly.

Calories:	57
Total fat:	0.4 g
Saturated fat:	0 g
Carbohydrates:	12 g
Fiber:	1.3 g

77

ENSALADA DE NARANJA, PAPAYA Y AGUACATE

Preparación: 15 min.   Cocción: 0 min.   Total: 15 min.

Esta sabrosa ensalada combina frutas y verduras con mucho color y se acompaña de la textura crujiente de la jícama y las semillas de granada. Si desea gozar de un perfecto almuerzo ligero tome nota de la variación que incluyo y añádale pollo cocido.

4 porciones de 2 tazas

1 taza	jícama picada
1 taza	papaya picada
1	aguacate picado
2	naranjas picadas, (a las que se le ha quitado el tejido blanco)
4 tazas	espinaca, cortada en trozos gruesos
1 cucharada	jugo de limón
1 cucharada	aceite de oliva
	sal al gusto
1/4 de taza	semillas de granada

1. Mezcle la jícama, la papaya, el aguacate, las naranjas y la espinaca picados en un platón grande.
2. Agregue el jugo de limón y el aceite de oliva.* Mezcle todo bien. Agregue sal al gusto
3. Reparta la ensalada en los 4 platos.
4. Espolvoree las semillas de la granada.

VARIACIÓN BAJA EN GRASAS:
Suprima el aguacate y agregue más espinaca.

Calorías:	168
Total de grasas:	8.1 g
Grasas saturadas:	1.3 g
Carbohidratos:	20.2 g
Fibra:	0.7 g

78

cont. . . .

Orange, Papaya, and Avocado Salad

Preparation: 15 min.   Cook: 0 min.   Total: 15 min.

This tasty salad combines colorful fruits and vegetables, accented with the crunchiness of jicama and pomegranate seeds. For the perfect light lunch, note the variation below and add in some poached chicken.

4 2-cup servings

1 cup	jicama, peeled and chopped
1 cup	papaya, peeled and chopped
1	avocado, peeled and chopped
2	oranges, peeled and chopped (with white pith removed)
4 cups	spinach, roughly chopped
1 tablespoon	Mexican lime juice
1 tablespoon	olive oil
	salt to taste
1/4 cup	pomegranate seeds

1. Mix the chopped jicama, papaya, avocado, oranges, and spinach in a large bowl.
2. Add the lime juice and olive oil.* Mix well. Salt to taste.
3. Divide the salad among 4 plates.
4. Sprinkle with pomegranate seeds.

LOW-FAT OPTION:
Omit the avocado, add additional spinach.

Calories:	168
Total fat:	8.1 g
Saturated fat:	1.3 g
Carbohydrates:	20.2 g
Fiber:	0.7 g

cont. . . .

79

VARIACIÓN BAJA EN CARBOHIDRATOS:

Añada trocitos de tocino.

PLANEE CON ANTICIPACIÓN:

Las semillas de la granada se conservan congeladas. Cuando las encuentre en el supermercado compre unas cuantas, quíteles las semillas y guárdelas para contar con un adorno que es tan sabroso como colorido.

*Si desea un aderezo más sustancioso prepare la salsa vinagreta que aparece en la página 86.

VARIACIÓN: Agregue 2 tazas de pollo cocido picado a la ensalada para que sea una comida completa. Es posible que en este caso desee aumentar la cantidad de aceite de oliva.

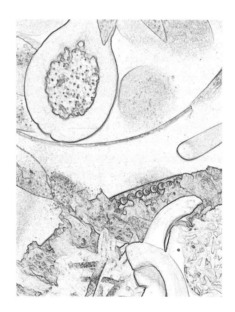

LOW-CARB OPTION:

Omit the oranges, and the carbs drop to 12.5 grams. Sprinkle on some homemade bacon bits.

PLAN AHEAD:

Pomegranate seeds freeze nicely. When you find pomegranates in the supermarket, buy a few, remove the seeds, and have them on hand for a tasty, colorful garnish.

*If you would like a more substantial salad dressing, try the Spicy Vinaigrette on page 87.

VARIATION: Add 2 cups of chopped poached chicken to the salad for a full meal. You may want to increase the amount of olive oil.

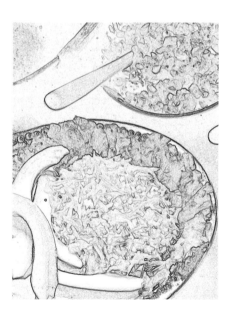

ENSALADA FIESTA

Preparación: 20 min.   **Cocción: 0 min.**   **Total: 20 min.**

Esta es una ensalada alegre y llena de color que anima cualquier comida. Antes de eliminar los aguacates piense, aún si usted está en una dieta baja en grasas, ya que la grasa del aguacate es una de las más nutritivas que existen, puesto que contiene vitaminas y minerales.

4 porciones de 3 tazas—entrada (primer plato)

1	chile poblano, asado y pelado, sin semillas (ver página 16)
120 g	lechuga mixta, o mezcla de lechugas ya en paquete
1 taza	col roja picada
1 tallo	apio picado
1/4 de taza	zanahorias ralladas
2	jitomates cortados a lo largo
1	aguacate cortado a lo largo
1/4 de taza	queso ranchero desmenuzado
1/2 taza	elote en grano

1. Córtelos los chiles poblanos en tiras de 1.25 cm.
2. Mezcle la lechuga en un tazón grande con la col roja, el apio y las zanahorias ralladas.
3. Reparta la lechuga en cuatro platos. Encima coloque las rebanadas de jitomate, aguacate y chile poblano.
4. Espolvoréelos con elotes y queso.
5. Sirva con un buen aceite de oliva a un lado.*

VARIACIÓN BAJA EN CARBOHIDRATOS:
Elimine el elote y los carbohidratos se reducirán a 9.9 gramos.

Calorías:	164
Total de grasas:	9.7 g
Grasas saturadas:	2.3 g
Carbohidratos:	15 g
Fibra:	2 g

cont. . . .

Fiesta Salad

Preparation: 20 min.   Cook: 0 min.   Total: 20 min.

Here's a lively, colorful salad to brighten up any meal. Think twice before eliminating the avocados, even if you're on a low-fat diet. They are one of the most nutritious fatty foods available and are full of vitamins and minerals.

4 3-cup servings—1st course

1	poblano chile, roasted and cleaned (see page 17)
4 ounces	mixed lettuce or mesclun mix
1 cup	red cabbage, thinly sliced
1	celery stalk, chopped
1/4 cup	shredded carrots
2	Roma tomatoes, sliced lengthwise
1	avocado, sliced lengthwise
1/4 cup	Ranchero cheese, crumbled
1/2 cup	corn

1. Cut the poblano chile into 1/2-inch strips.
2. Mix the lettuce in a large bowl with the red cabbage, celery, and shredded carrots.
3. Divide the lettuce among 4 plates. Top with the tomato, avocado, and poblano chile slices.
4. Sprinkle on the cheese and corn.
5. Serve with a good virgin olive oil on the side.*

LOW-CARB OPTION:
Eliminate the corn, and the carbs will drop to 9.9 grams.

Calories:	164
Total fat:	9.7 g
Saturated fat:	2.3 g
Carbohydrates:	15 g
Fiber:	2 g

cont. . . .

VARIACIÓN BAJA EN GRASAS:

Suprima el aguacate y el contenido total de grasa bajará a 2 gramos.

PLANEE CON ANTICIPACIÓN:

1–2 días antes ase y desvene los chiles poblanos.

*Si desea un aderezo más sustancioso, pruebe la vinagreta picante que encontrará en la página 86.

LOW-FAT OPTION:

Eliminate the avocado and the total fat will drop to 2 grams.

PLAN AHEAD:

1–2 days in advance: roast and clean the poblano chiles.

*If you would like a more substantial salad dressing, try the Spicy Vinaigrette on page 87.

VINAGRETA PICANTE

Preparación: 10 min.   Cocción: 0 min.   Total: 10 min.

Déle sabor a sus ensaladas con este aderezo de sabor ácido que es fácil y rápido de preparar y mucho más sano que los productos embotellados.

8 porciones/ 1 taza

1/2 taza	pimiento morrón picado
1 cucharada	cebolla picada
1 diente	ajo picado
1	chile serrano desvenado y picado
2 cucharadas	jugo de limón
1 cucharada	vinagre balsámico
1/3 de taza	aceite de oliva
2 cucharadas	cilantro finamente picado
1/2 cucharadita	páprika húngara dulce
1/2 cucharadita	sal

1. Ponga el pimiento morrón, la cebolla, el ajo, el chile, el jugo de limón y el vinagre balsámico en una licuadora o procesador de alimentos.
2. Comience a moler la mezcla y a la vez agregue aceite de oliva poco a poco.
3. Póngale el cilantro, la paprika y la sal.

Calorías:	**90**
Total de grasas:	9.1 g
Grasas saturadas:	1.2 g
Carbohidratos:	1.7 g
Fibra:	0.2 g

Spicy Vinaigrette

Preparation: 10 min.   Cook: 0 min.   Total: 10 min.

Add some spice to your salads with this tangy dressing. It's easy and quick to prepare, and a much healthier option than using bottled products.

8 servings/ 1 cup

1/2 cup	red bell pepper, chopped
1 tablespoon	onion, chopped
1 clove	garlic, chopped
1	serrano chile, seeded and chopped
2 tablespoons	Mexican lime juice
1 tablespoon	balsamic vinegar
1/3 cup	olive oil
2 tablespoons	cilantro, finely chopped
1/2 teaspoon	sweet Hungarian paprika
1/2 teaspoon	salt

1. Place the red bell pepper, onion, garlic, chile, lime juice, and balsamic vinegar in a blender or food processor.
2. Purée while slowly adding the olive oil.
3. Stir in the cilantro, paprika, and salt.

Calories:	**90**
Total fat:	**9.1 g**
Saturated fat:	**1.2 g**
Carbohydrates:	**1.7 g**
Fiber:	**0.2 g**

Platos Fuertes

Entrées

TOSTADAS DE POLLO CON FRIJOL

Preparación: 15 min.   Cocción: 0 min.   Total: 15 min.

Si esté buscando algo sencillo y delicioso—pruebe esta receta para tostadas de pollo con frijol. Las cubiertas, normalmente en capas encima de una tortilla de maiz frita, pueden ser utilizados para un "sandwich wrap." Ponga todos los ingredientes en una tortilla de harina y enrollelo.

6 tostadas

2 tazas	Frijoles "de la Olla" (ver página 174)
6	tostadas
1 taza	pollo cocido deshebrado
1 taza	queso Oaxaca* rayado
1	jitomate picado
1 taza	lechuga picada
1	aguacate picado

1. Ponga los frijoles en un procesador de alimentos o una licuadora y muela todo bien.

2. Vierta el pure de frijol en las tostadas.

3. Encima póngale el pollo deshebrado, el queso, los jitomates, la lechuga y el aguacate.

VARIACION BAJA EN CARBOHIDRATOS:
Adorne con crema mexicana.

Agregue un chile chipotle desvenado a los frijoles cuando los muela o póngale encima su salsa favorita.

*Se puede utilizar el queso "Monterrey Jack," en lugar de queso Oaxaca.

Calorías:	174
Total de grasas:	6.2g.
Grasas saturadas:	1.1g.
Carbohidratos:	17.7g.
Fibra:	2.1g.

90

CHICKEN AND BEAN TOSTADAS

Preparation: 15 min.   Cook: 0 min.   Total: 15 min.

Looking for something simple and delicious—try this recipe for chicken and bean tostadas. The toppings, normally layered on a fried corn tortilla, can also be used to make a quick sandwich wrap. Just place all the ingredients on a flour tortilla and roll it up.

6 tostadas

2 cups	"Pot Beans" (see page 175)
6	tostadas
1 cup	shredded cooked chicken
1 cup	Oaxacan cheese,* shredded
1	tomato, chopped
1 cup	lettuce, chopped
1	avocado, chopped

1. Place the beans in a food processor or blender and pureé.
2. Spoon the pureed beans onto the tostadas.
3. Top with the shredded chicken, cheese, tomatoes, lettuce, and avocado.

LOW-CARB OPTION:
Feel free to drizzle each tostada with Mexican crema.

Add a seeded, chopped chipotle chile to the beans when making the puree or top with your favorite salsa.

*Monterrey Jack is a good substitute, if you cannot find Oaxacan cheese.

Calories:	174
Total fat:	6.2g.
Saturated fat:	1.1g.
Carbohydrates:	17.7g.
Fiber:	2.1g.

CHILES RELLENOS DE VERDURAS Y QUESO DE CABRA

Preparación: 15 min.   Cocción: 25 min.   Total: 40 min.

Esta receta es una variación moderna de un platillo clásico mexicano. Es un plato vegetariano y mucho más ligero que los chiles rellenos de queso o de carne de res. Normalmente los chiles rellenos se fríen, sin embargo en este libro de cocina preferimos hornearlos. ¡El sabor puede ser muy diferente, pero asimismo varía el número de calorías!

6 porciones de 1 chile

6	chiles poblanos medianos, asados y pelados, sin semillas (ver página 16)
1 taza	champiñones cortados en cubos
1	pimiento morrón rojo cortado en cubos
2 tazas	calabacitas cortadas en cubos
1/2 taza	cebolla roja cortada en cubos
1	jitomate cortado en cubos
1 cucharada	aceite de oliva
1/2 cucharadita	sal, o sal al gusto
1 taza	granos de elote
2 cucharaditas	mejorana seca
2 cucharaditas	comino molido
2 cucharadas	cilantro picado
150 g + 30 g	queso de cabra

1. Caliente el horno a 180° C.

2. En un platón grande coloque las verduras (con excepción del elote). Cubra con el aceite de oliva y póngale sal. Páselo a un molde refractario y hornee, removiendo la mezcla de cuando en cuando, hasta que esté suave, aproximadamente de 10 a 12 minutos.

Calorías:	209
Total de grasas:	12.9 g
Grasas saturadas:	7.3 g
Carbohidratos:	12.5 g
Fibra:	0.9 g

cont. . . .

VEGETABLE AND GOAT CHEESE CHILES RELLENOS

Preparation: 15 min.   Cook: 25 min.   Total: 40 min.

This is a modern twist on a classic Mexican dish. It's a great vegetarian item and much lighter than a pure cheese or beef filling. Normally *chiles rellenos* are fried; however, in this book we will eliminate frying and bake the chiles instead. The flavor will be different, but so will the number of calories!

6 servings of 1 chile

6	medium poblano chiles, roasted and cleaned (see page 17)
1 cup	mushrooms, diced
1 cup	red bell pepper, diced
2 cups	zucchini, diced
1/2 cup	red onion, diced
1	Roma tomato, diced
1 tablespoon	olive oil
1/2 teaspoon	salt, or to taste
1 cup	corn
2 teaspoons	dried marjoram
2 teaspoons	ground cumin
2 tablespoons	cilantro, chopped
5 + 1 ounces	goat cheese

1. Preheat the oven to 350° F.
2. Place all the vegetables, except the corn, in a large bowl. Coat with the olive oil and sprinkle on the salt. Transfer to a baking sheet. Bake, stirring occasionally, until soft, about 10–12 minutes.

Calories:	**209**
Total fat:	**12.9 g**
Saturated fat:	**7.3 g**
Carbohydrates:	**12.5 g**
Fiber:	**0.9 g**

cont. . . .

3. En un platón grande, mezcle las verduras asadas con el elote, las hierbas y 150 g de queso de cabra.

4. Rellene los chiles con el relleno de verduras asegurándose de que no queden demasiado llenos y que se puedan cerrar bien. (Ver página 16)

5. Coloque los chiles en un molde refractario, con la apertura hacia arriba y hornéelos durante aproximadamente 15 minutos o, hasta que el queso se haya derretido.

6. Vierta parte del puré de tomate (ver página 12) en un platón y ponga los chiles encima con la apertura hacia abajo.

7. Adorne los chiles con el resto del queso de cabra, para darle un poco de color.

VARIACIÓN BAJA EN CARBOHIDRATOS:

Substituye con una taza de espinaca cocida la taza de elote. También se puede dar el gusto de agregarle una cucharada de crema, de preferencia crema mexicana, como adorno.

VARIACIÓN BAJA EN GRASAS:

Busque un queso bajo en grasas. No tiene que ser de cabra, un 'Monterey Jack' también es sabroso. Con este cambio serán 50 calorías menos y 5 gramos menos de grasa. Otra opción es usar 90 g de queso de cabra, en lugar de las 180 g que especifica la receta.

PLANEE CON ANTICIPACIÓN:

1 ó 2 días antes ase y desvene los chiles poblanos.

Ase las verduras y rellene los chiles poblanos un día antes.

3. Mix the roasted vegetables with the corn, herbs, and 5 oz. of goat cheese in a large bowl.

5. Stuff each chile with the vegetable filling, making sure it's not too full and that the seam closes, but does not overlap (see page 17).

6. Place the chiles in a baking dish, seam up, and cook for about 15 minutes or until the cheese is melted.

7. Spoon some tomato purée (see page 13) on a platter and place the chiles on top, seam down.

8. Garnish the chiles with the remaining goat cheese for color.

LOW-CARB OPTION:

Substitute one cup of cooked spinach for the cup of corn. Also treat yourself to a dollop of cream, preferably Mexican crema, as a garnish.

LOW-FAT OPTION:

Look for a low-fat cheese. It doesn't have to be goat cheese; a Monterey Jack is also nice. This will reduce the calories by 50 and the fat by 5 grams. Another option is to add only 3 oz. of goat cheese instead of the 6 oz. called for in the recipe.

PLAN AHEAD:

1–2 days in advance: roast and clean the poblano chiles. Roast the vegetables.

1 day in advance: stuff the poblano chiles.

CHILES POBLANOS RELLENOS DE QUESO

Preparación: 10 min.   Cocción: 15 min.   Total: 25 min.

Tradicionalmente, los chiles rellenos se capean con huevo y se doran en aceite, pero no es indispensable hacerlo. Cuando no se capean ni se fríen se evitan grasas y calorías innecesarias, y a la vez este platillo resulta igualmente delicioso y aún más fácil de preparar.

6 porciones de 1 chile

6	chiles poblanos, asados y pelados, sin semillas (ver página 16)
3 tazas	queso ranchero desmoronado*
2 tazas	puré de jitomate (ver página 12)

1. Caliente el horno a 180° C.
2. Rellene cada chile con aproximadamente 1/2 taza de queso y ciérrelo (puesto que no va a capearlos ni freírlos, no es necesario cerrarlos con un palillo).
3. Coloque los chiles en un molde refractario con la abertura hacia arriba y hornéelos hasta que se derrita el queso, aproximadamente 15 minutos.
4. Sirva los chiles en un platón y cúbralos con el puré de tomate.

*Al otro lado de la frontera, se utiliza con frecuencia el queso "Monterey Jack" si no se puede encontrar el queso ranchero. ¿Ya buscó en alguna tienda especializada en la venta de alimentos para hispanos?

VARIACIÓN BAJA EN CARBOHIDRATOS:

Sirva los chiles sin el puré de jitomate y reducirá los carbohidratos a 0.4 gramos.

Si desea darse un gusto especial decore el chile con una cucharada de crema mexicana.

Calorías:	249
Total de grasas:	17.5 g
Grasas saturadas:	10.9 g
Carbohidratos:	7.7 g
Fibra:	0.9 g

cont. . . .

CHEESE-STUFFED POBLANO CHILES

Preparation: 10 min.   Cook: 15 min.   Total: 25 min.

Traditionally, *chiles rellenos* are dipped into an egg batter and fried until golden brown; however, this step is not essential. Omitting the batter and frying will save you needless fat and calories, while also making this dish just as delicious and even easier to prepare.

6 servings of 1 chile

6	poblano chiles, roasted and cleaned (see p.17)
3 cups	Ranchero cheese, crumbled*
2 cups	tomato purée (see page 13)

1. Preheat the oven to 350° F.
2. Stuff each chile with about 1/2 cup of cheese and close the seam. (Since you will not be coating the chiles and frying them, closing the seam with a toothpick will not be necessary.)
3. Place the chiles in a baking dish with the seam up and cook until the cheese is melted, about 15 minutes.
4. Transfer the chiles to a platter and top with the tomato purée.

*A common cheese substitute for chiles rellenos north of the boarder is Monterey Jack, if you cannot find Ranchero cheese. Did you look in a Latin grocery store?

LOW-CARB OPTION:

Serve the chiles without the tomato purée, and the carbs reduce to 0.4 grams.

For an additional treat, garnish each chile with a teaspoon of Mexican crema.

Calories:	249
Total fat:	17.5 g
Saturated fat:	10.9 g
Carbohydrates:	7.7 g
Fiber:	0.9 g

cont. . . .

VARIACIÓN BAJA EN GRASAS:

Use queso bajo en grasas al rellenar los chiles.

Bañe los chiles con una salsa roja picante en lugar de utilizar el puré de tomate.

PLANEE CON ANTICIPACIÓN:

Uno o dos días antes, ase y limpie los chiles y/o haga el puré de tomate.

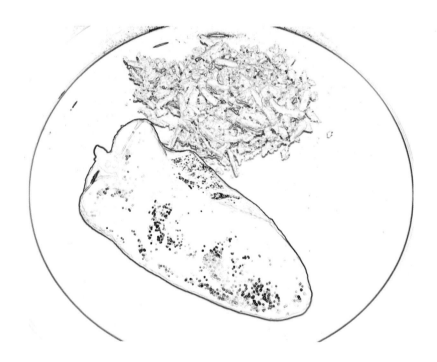

LOW-FAT OPTION:

Use a low-fat cheese for stuffing the chiles.

 Top the chiles with a spicy red salsa instead of tomato purée.

PLAN AHEAD:

1–2 days in advance: roast and clean the chiles. Make the tomato purée.

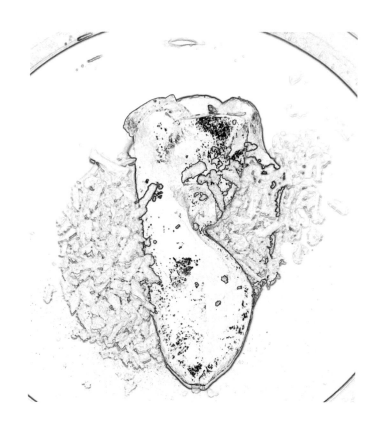

POLLO CON SALSA DE CILANTRO Y TOMATE VERDE

Preparación: 5 min.   Cocción: 15 min.   Total: 20 min.

Si le gusta la salsa verde, de sabor ácido, hecha con tomates verdes esta receta es para usted. Contiene los ingredientes básicos que se utilizan en las salsas homogéneas con las que por lo general se bañan las enchiladas de pollo, pero en este caso se trata de una salsa deliciosa, con el tomate verde en trocitos para acompañar al pollo a la parrilla. Si desea una comida sana y baja en calorías, sírvalo con una ensalada de jícama. También es excelente con lomo de cerdo.

6 porciones (1 pechuga con 1/4 taza de salsa)

250 g	tomate verde, sin cáscara y lavado
1	chile serrano mediano
1/2	cebolla blanca, picada
2 dientes	ajo
1/4 de taza	cilantro picado
1/2 cucharadita	sal, o bien sal al gusto
6 pechugas	pollo, a las brasas, a la parilla, o cocidas a fuego lento (poché)

1. Coloque los tomatillos, el chile, la cebolla y el ajo en una charola debajo de la parrilla del horno hasta que estén suaves y ligeramente tostados. Aproximadamente 10 minutos.

2. Ponga en el procesador de alimentos la mitad de los tomates verdes con todos los otros ingredientes que usó en el paso 1 y muela la mezcla hasta convertirla en puré. Posteriormente agregue el resto de los tomatillos y presione el control del procesador durante unos cuantos segundos de forma que la salsa conserve trozos de tomatillo.

3. Añada el cilantro y la sal y mézclelos bien.

4. Bañe las pechugas de pollo con salsa caliente y sírvalas.

Calorías:	380
Total de grasas:	14.8 g
Grasas saturadas:	4.2 g
Carbohidratos:	4.4 g
Fibra:	0.4 g

cont. . . .

Chicken with Tomatillo-Cilantro Salsa

Preparation: 5 min.   Cook: 15 min.   Total: 20 min.

If you like green salsa made from tangy tomatillos, this recipe is for you. It contains all the basic ingredients used in the smooth salsa that normally covers chicken enchiladas, but here becomes a chunky, irrestible accompaniment to grilled chicken. Serve it with a jicama salad for a healthy, low-cal meal. It's also great on pork loin.

6 servings (1 chicken breast with 1/4 cup of salsa)

1/2 pound	tomatillos, husked and rinsed
1	medium serrano chile
1/2	medium white onion, chopped
2 cloves	garlic
1/4 cup	cilantro, chopped
1/2 teaspoon	salt, or to taste
6	cooked chicken breasts, grilled, broiled, or poached

1. Place the tomatillos, chile, onion, and garlic on a tray under the broiler until soft and slightly blackened, about 10 minutes.
2. Place 1/2 of the tomatillos with all the other ingredients in step 1 in the food processor and purée. Add the remaining tomatillos and pulse for a few seconds, keeping the salsa chunky.
3. Stir in the cilantro and salt.
4. Spoon the warm salsa over the chicken and serve.

Calories:	380
Total fat:	14.8 g
Saturated fat:	4.2 g
Carbohydrates:	4.4 g
Fiber:	0.4 g

cont. . . .

Agregue 2 ó 3 chiles serranos más.

PLANEE CON ANTICIPACIÓN:
Haga la salsa uno o dos días antes.

Add another 2–3 serrano chiles.

PLAN AHEAD:
1–2 days in advance: Make the salsa.

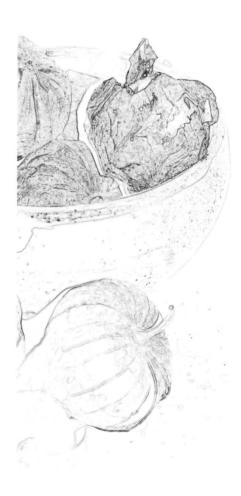

POLLO POBLANO

Preparación: 10 min.   Cocción: 40 min.   Total: 50 min.

El pollo poblano, como su nombre lo indica, es originalmente del estado de Puebla, que para muchos es conocido como el corazón de la cocina mexicana. Es fácil de hacer y le permitirá planear una comida elegante y auténtica en muy poco tiempo. Recuerde al preparar este platillo que no todos los chiles poblanos son igual de picantes y no siempre se puede garantizar que no sean tan bravos, por eso no se sorprenda si la salsa resulta muy picante y con mucho sabor.

6 porciones (1 pechuga con 1/3 taza de salsa)

4	chiles poblanos, asados y pelados, sin semillas (ver página 16)
1 cucharada	aceite de oliva
6 pechugas	pollo deshuesadas
1 cucharada	aceite de oliva
1	cebolla mediana rebanada finamente
3 dientes	ajo picados
1/2 cucharadita	orégano seco
3/4 de cucharadita	tomillo seco
1/2 taza	crema o crema espesa
1/3 de taza	cilantro picado
1 taza	caldo de pollo, o agua
1 cucharadita	sal, o sal al gusto

1. Píquelos los chiles poblanos en trozos y déjelos a un lado.
2. Caliente el horno a 180° C.

Calorías:	447
Total de grasas:	22.2 g
Grasas saturadas:	7.6 g
Carbohidratos:	4.5 g
Fibra:	0.3 g

cont. . . .

CHICKEN POBLANO

Preparation: 10 min.   Cook: 40 min.   Total: 50 min.

Chicken *Poblano* originally comes from Puebla, known to many as the heart of Mexican cuisine. It's simple to make and will enable you to plan an elegant and authentic meal in very little time. Remember when preparing this dish that poblano chiles vary in heat and cannot always be counted on to be mild—every chile is different, so don't be surprised if you have a fiery, flavorful sauce.

6 servings (1 chicken breast with 1/3 cup of salsa)

4	poblano chiles, roasted and cleaned (see p. 17)
1 tablespoon	olive oil
6	boneless chicken breasts*
1 tablespoon	olive oil
1	medium white onion, thinly sliced
3 cloves	garlic, chopped
1/2 teaspoon	dried oregano
3/4 teaspoon	dried thyme
1/2 cup	Mexican crema or heavy cream
1/3 cup	cilantro, chopped
1 cup	chicken broth or water
1 teaspoon	salt, or to taste

1. Roughly chop the chiles and set aside.
2. Preheat the oven to 350° F.

Calories: 447
Total fat: 22.2 g
Saturated fat: 7.6 g
Carbohydrates: 4.5 g
Fiber: 0.3 g

cont. . . .

105

3. Caliente el aceite de oliva en una sartén grande a fuego medio. Agregue las pechugas de pollo y fríalas hasta que queden ligeramente doradas, aproximadamente de 4 a 5 minutos por lado. Póngalas en un molde refractario.

4. Mientras se dora el pollo, caliente la otra cucharada de aceite de oliva en otra sartén a fuego alto. Cuando esté caliente añádale la cebolla, el ajo, el orégano seco y el tomillo seco y sofría la mezcla entre 8 y 10 minutos.

5. Agregue la crema, el cilantro, los chiles poblanos asados y la sal. Cueza la mezcla durante 5 minutos más.

6. Ponga la mezcla en la licuadora con el caldo de pollo y muélala hasta que se haga un puré muy homogéneo.

7. Bañe las pechugas con la salsa de poblano y hornee durante 15 ó 20 minutos, o hasta que esté cocido el pollo.

VARIACIÓN BAJA EN GRASAS:

Substituya la crema con caldo de pollo y con esto reducirá las grasas saturadas a 4.5 gramos y las calorías a 398. Es importante notar que la salsa quedará menos espesa.

PLANEE CON ANTICIPACIÓN:

Ase y desvene los chiles poblanos, o haga la salsa entre 1 y 3 días antes y guárdela.

Esta salsa también se conserva bien congelada, así que haga el doble de lo que necesita y guarde la mitad para cenas de último momento.

*También, en lugar de hornearlo, puede preparar el pollo a la parrilla y luego bañarlo con salsa poblana antes de servirlo. Si desea prepararlo de esta forma, haga la salsa un poco más espesa agregándole 1/2 taza de caldo de pollo en lugar de 1 taza completa.

VARIACIÓN: Si la salsa le resulta demasiado picante añada 2 tazas de espinaca hervida y 1/2 taza de caldo de pollo a la licuadora. La espinaca ayudará a disminuir el sabor picante y además le agrega no sólo un sabor delicioso sino nutrientes.

3. Heat the olive oil in a large frying pan over medium-high heat. Add the chicken breasts and lightly brown, about 4–5 minutes on each side. Transfer to a baking dish.

4. While the chicken is browning, heat the other tablespoon of olive oil in another frying pan over high heat. When hot, add the onion, garlic, dried oregano, and dried thyme and sauté for 8–10 minutes.

5. Add the cream, cilantro, roasted poblano chiles, and salt. Cook for another 5 minutes.

6. Pour the mixture into a blender with the chicken broth. Purée until smooth.

7. Pour the poblano sauce on top on the chicken in the baking dish and place in the oven for 15–20 minutes, or until the chicken is done.

LOW-FAT OPTION:

Substitute additional chicken broth for the cream, and the saturated fat will drop to 4.5 grams, the calories to 398. Note however, that the sauce will be thinner.

PLAN AHEAD:

1–3 days in advance: roast and clean the poblano chiles or make the poblano sauce and store it.

This sauce also freezes well, so make a double batch and have it on hand for last-minute dinners.

*You can also grill the chicken instead of baking it and then spoon the poblano sauce on before serving. If you would like to prepare it this way, make the sauce a little thicker by adding 1/2 cup chicken broth instead of a full cup.

VARIATION: If you find the poblano sauce too spicy for your taste, add 2 cups of cooked spinach to the blender with an additional 1/2 cup of chicken broth. The spinach balances out the heat, also adding great flavor and nutrients.

TINGA DE POLLO

Preparación: 10 min.   Cocción: 15 min.   Total: 25 min.

La tinga es un platillo hecho con carne deshebrada y chiles, la receta más común incluye pollo y chile chipotle. Hay una variación, con carne de res deshebrada y especias, que proviene de los conventos de Puebla del Siglo XVIII. La tinga se sirve en México con tortillas de maíz para comerla en tacos, o sobre tostadas, sin embargo, una opción más saludable es servirla simplemente al lado de una ensalada de nopalitos.

4 porciones de 1 taza

2 cucharaditas	aceite de oliva
1 taza	cebolla blanca picada
3 dientes	ajo
3	jitomates picados
1 cucharadita	orégano seco
3 tazas	pollo cocido deshebrado
2	chiles chipotle, desvenados y finamente picados (ver página 18)
1 taza	caldo de pollo
1 cucharadita	sal, o sal al gusto

1. En una sartén grande ponga el aceite de oliva a fuego entre medio y alto, cuando se caliente agregue la cebolla y el ajo y sofríalos hasta que estén suaves y transparentes, de 8 a 10 minutos aproximadamente.

2. Agregue los jitomates y el orégano seco y déjelo cocinando de 4 a 5 minutos más.

3. Mezcle el pollo deshebrado, los chiles chipotle y el caldo y cuézalos durante unos minutos más, hasta que casi todo el líquido se haya evaporado. Agregue sal.

Calorías:	204
Total de grasas:	5.9 g
Grasas saturadas:	1.3 g
Carbohidratos:	9.8 g
Fibra:	1.2 g

cont. . . .

CHICKEN TINGA

Preparation: 10 min.   Cook: 15 min.   Total: 25 min.

Tinga refers to a dish made with shredded meat and chiles, with the most common version combining chicken and chipotle chiles. An adaptation of this recipe, made with shredded beef and spices, dates back to the convents of Puebla in the 1700s. In Mexico, tinga is usually served with corn tortillas for making tacos, or atop crispy tostadas; however, for a healthier option, serve it simply alongside a roasted nopal salad.

4 1-cup servings

2 teaspoons	olive oil
1 cup	white onion, chopped
3	cloves garlic, chopped
3	Roma tomatoes, chopped
1 teaspoon	dried oregano
3 cups	cooked chicken, shredded
2	chipotle chiles, minced and seeded (see page 19)
1 cup	chicken broth
1 teaspoon	salt, or to taste

1. Place the olive oil in a large frying pan over medium-high heat. When hot, add the onion and garlic and sauté until soft and translucent, about 8–10 minutes.
2. Add the tomatoes and dried oregano and continue cooking for another 4–5 minutes.
3. Stir in the shredded chicken, chipotle chiles, and broth. Cook for a few more minutes until most of the liquid is absorbed. Add salt.

Calories:	204
Total fat:	5.9 g
Saturated fat:	1.3 g
Carbohydrates:	9.8 g
Fiber:	1.2 g

cont. . . .

VARIACIÓN BAJA EN CARBOHIDRATOS:

Encima de la tinga ponga queso ranchero desmenuzado y aguacate rebanado antes de servir la tinga.

VARIACIÓN BAJA EN GRASAS:

Espolvoree cilantro sobre la tinga y sírvalo con tortillas calientitas para hacer tacos.

 Añada 2 chiles chipotle picados más.

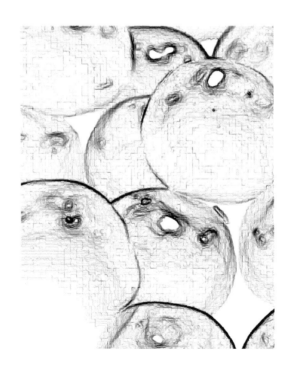

LOW-CARB OPTION:
Top the tinga with crumbled Ranchero cheese and sliced avocado before serving.

LOW-FAT OPTION:
Sprinkle cilantro on the tinga and serve with warm corn tortillas for making tacos.

 Add another 2 minced chipotle chiles.

Fajitas de pollo

Preparación 5 min.   Cocción: 15 min.   Total: 20 min.

Las fajitas no son de origen mexicano son de Texas de la comida llamada tex-mex. Se supone que fue una creación de los vaqueros de la zona fronteriza quienes solían ablandar la carne marinándola con jugo de limón antes de cocinarla a las brasas. La tortilla hacía las veces de plato, lo que hacía innecesario contar con cuchillo y tenedor. Actualmente las fajitas son un platillo común de los restaurantes mexicanos en todo el mundo. Aunque originalmente se preparaban con res, se pueden hacer con pollo, camarones, salmón, tofu (queso de soya) y hasta ostras, como es el caso del restaurante Olé Olé de San Miguel. En esta receta se utiliza pollo, pero puede usarse cualquier carne.

4 porciones de 240 g

1 cucharada	aceite de oliva
4	pechugas de pollo marinadas, deshuesadas y sin piel (ver página 12)
1	cebolla blanca grande rebanada
1	pimiento morrón verde rebanado
	sal al gusto
	pimienta negra al gusto

1. Rebane las pechugas de pollo en tiras de 2.5 cm.
2. Ponga el aceite de oliva en una sartén grande a fuego entre medio y alto. Cuando esté caliente agregue el pollo y dórelo completamente.
3. Añada la cebolla y el pimiento morrón y cubra la sartén. Remueva de cuando en cuando hasta que el pollo esté cocido, aproximadamente 10 minutos. Póngale sal y pimienta.

Calorías:	335
Total de grasas:	6.9 g
Grasas saturadas:	1.9 g
Carbohidratos:	8.4 g
Fibra:	0.6 g

cont. . . .

CHICKEN FAJITAS

Preparation: 5 min.   Cook: 15 min.   Total: 20 min.

Fajitas are not Mexican in origin. They are Tex-Mex, supposedly created by cowboys along the border, who tenderized tough beef by marinating it in lime juice before throwing it on the grill. A tortilla served as a plate, eliminating the need for forks and knives. Fajitas can now be found in Mexican restaurants throughout the world. Though originally made with beef, fajitas can include chicken, shrimp, salmon, tofu, and even ostrich, as seen in Olé Olé restaurant in San Miguel de Allende. This recipe calls for chicken, but you can easily substitute any meat.

4 8-oz. servings

1 tablespoon	olive oil
4	skinless, boneless marinated chicken breasts (see page 13)
1	large white onion, sliced
1	large green bell pepper, sliced
	salt to taste
	black pepper to taste

1. Slice the chicken breasts into 1-inch strips.
2. Place the olive oil in a large frying pan over medium-high heat. When hot, add the chicken and brown on all sides.
3. Add the onion and bell pepper, cover. Stir occasionally until the chicken is done, about 10 minutes. Sprinkle with salt and pepper.

Calories:	**335**
Total fat:	**6.9 g**
Saturated fat:	**1.9 g**
Carbohydrates:	**8.4 g**
Fiber:	**0.6 g**

cont. . . .

VARIACIÓN BAJA EN CARBOHIDRATOS:

Puede agregarle queso manchego o Monterey Jack en tiras. Coloque las fajitas bajo el asador del horno hasta que el queso se derrita.

VARIACIÓN BAJA EN GRASAS:

Dése gusto con unas cuantas tortillas de maíz. Usted puede hacer tacos de fajitas poniendo la carne dentro de la tortilla caliente doblada. También se pueden usar tortillas de harina; sin embargo, el contenido de grasa y carbohidtratos se incrementará. Si desea agregar el queso, asegúrese de que sea bajo en grasa.

Agregue unos cuantos chiles serranos a la sartén con la cebolla y el pimiento morrón, o cubra las fajitas con una salsa picante antes de servirlas.

PLANEE CON ANTICIPACIÓN:

Marine el pollo un día antes.

LOW-CARB OPTION:

Feel free to sprinkle on shredded Manchego or Monterey Jack cheese. Place the fajitas under the broiler until the cheese is melted.

LOW-FAT OPTION:

Treat yourself to a few corn tortillas. You can make fajita tacos by placing the filling inside a folded warm tortilla. (Flour tortillas can be used as well; however, note that the fat and carbohydrate content will increase.) If you choose to add the cheese, make sure it's low-fat.

Add a few serrano chiles to the pan with the onion and bell pepper or cover the fajitas in a spicy salsa before serving.

PLAN AHEAD:

1 day in advance: marinate the chicken.

Pollo con salsa asada de jitomate

Preparación: 15 min.   Cocción: 35 min.   Total: 50 min.

El asar los ingredientes de una salsa, en lugar de hervirlos, realza su dulzura y sabor. A la primera mordida se dará cuenta que esta técnica bien vale el trabajo adicional.

6 porciones (1 pechuga con 1/2 taza de salsa)

2	chiles poblanos, asados y pelados, sin semillas (ver página 16)
450 g	jitomates
4 dientes	ajo pelados
1	cebolla rebanada
1/2 cucharadita	tomillo seco
1/2 cucharadita	sal, o sal al gusto
1/4 de taza	cilantro picado
1/2 taza	agua
1 cucharada	aceite de oliva
6	pechugas de pollo deshuesadas y sin piel*

1. Caliente el asador del horno.

2. Córtelos los chiles poblanos en tiras de 1.25 cm. Déjelos a un lado.

3. Ponga los jitomates, el ajo y la cebolla en un molde y colóquelos debajo del asador ya caliente del horno. Áselos de ambos lados hasta que se hayan ennegrecido un poco, estén jugosos y suaves, aproximadamente 15 minutos. Quítele el centro a los tomates y póngalos en un procesador de alimentos junto con la cebolla y el ajo.

4. Agregue el tomillo seco y la sal. Haga funcionar el procesador durante 30 segundos únicamente (la salsa debe quedar con trozos y no homogénea).

Calorías:	**351**
Total de grasas:	**9.3 g**
Grasas saturadas:	**2.3 g**
Carbohidratos:	**7.1 g**
Fibra:	**0.8 g**

116

cont. . . .

CHICKEN WITH ROASTED TOMATO SALSA

Preparation: 15 min.   Cook: 35 min.   Total: 50 min.

Roasting salsas, as opposed to boiling them, brings out the sweetness and full flavor of the ingredients. After your first bite, you will realize this technique is well worth the extra effort.

6 servings (1 chicken breast with 1/2 cup of salsa)

2	poblano chiles, roasted and cleaned (see p. 17)
1 pound	Roma tomatoes
4 cloves	garlic, peeled
1	onion, sliced
1/2 teaspoon	dried thyme
1/2 teaspoon	salt, or to taste
1/4 cup	cilantro, chopped
1/2 cup	water
1 tablespoon	olive oil
6	skinless, boneless chicken breasts*

1. Preheat the broiler.
2. Cut the poblano chiles into 1/2 inch-wide strips. Set aside.
3. Place the tomatoes, garlic, and onion on a baking sheet under the hot broiler. Roast on both sides until somewhat blackened, soft, and juicy, about 15 minutes. Core the tomatoes and place in a food processor with the onion and garlic.
4. Add the dried thyme and salt. Pulse for 30 seconds only. (You want a chunky salsa, not a smooth one.)

Calories:	351
Total fat:	9.3 g
Saturated fat:	2.3 g
Carbohydrates:	7.1 g
Fiber:	0.8 g

cont. . . .

5. Vacíe el contenido del procesador de alimentos en un tazón mediano. Integre el cilantro, el agua y los chiles poblanos.

6. Mientras asa los tomates en el paso 2, ponga el aceite de oliva en una sartén grande a fuego entre medio y alto. Dore las pechugas de ambos lados. Colóquelas en un molde (asegúrese de que no se cubran una a la otra). Cúbralas totalmente con la salsa asada de jitomate.

7. Hornee durante aproximadamente 20 minutos, o hasta que el pollo esté cocido.

VARIACIÓN BAJA EN CARBOHIDRATOS:

Espolvoree 60 g de queso de cabra sobre la salsa asada de tomate antes de hornear.

 Agregue 1 ó 2 chiles poblanos más.

PLANEE CON ANTICIPACIÓN:

1 o 2 días antes haga la salsa y ase los chiles poblanos.

*También puede preparar el pollo a las brasas o asado, en lugar de hornearlo. Con una cuchara bañe el pollo con la salsa antes de servirlo. (Si no va a hornear el pollo, elimine el agua para hacer la salsa más espesa.)

VARIACIÓN: Si desea un platillo vegetariano como plato fuerte sustituya el pollo con coliflor o brócoli y báñelo con la salsa de tomate. Esta receta también va bien con verduras asadas.

5. Empty the contents of the food processor into a medium bowl. Stir in the cilantro, water, and poblano chiles.

6. While the tomatoes are roasting in step 2, place the olive oil in a large frying pan over medium-high heat. Brown the chicken on both sides. Remove to a baking dish. (Make sure the chicken breasts do not overlap.) Cover completely with the Roasted Tomato Salsa.

7. Bake for about 20 minutes or until the chicken is done.

LOW-CARB OPTION:
Sprinkle 2 oz. of goat cheese over the Roasted Tomato Salsa before baking.

 Add another 1–2 poblano chiles.

PLAN AHEAD:
1–2 days in advance: make the salsa and roast the poblano chiles.

*You can also grill or broil the chicken, instead of baking it. Spoon the Roasted Tomato Salsa on before serving. (If you are not going to bake the chicken, make the salsa thicker by eliminating the water.)

VARIATION: For a vegetarian entree, substitute steamed cauliflower or broccoli for the chicken and spoon the Roasted Tomato Salsa on top. This recipe also goes well with roasted vegetables.

LOMO DE CERDO CON SALSA DE MANGO Y CHIPOTLE

Preparación: 10 min.   Cocción: 20 min.   Total: 30 min.

Las salsas hechas con fruta fresca hacen más elegante cualquier platillo. Tienen sabor, textura, aroma y lo que es mucho más importante, un mínimo de calorías y grasa. Los mangos están en su punto durante el verano, puesto que están jugosos y muy dulces. Si hace esta receta con mangos más ácidos puede añadirle una cucharadita de azúcar morena. Desafortunadamente, esto cambiará la información nutricional que aparece en la parte inferior. ¿Quizás la acidez no es tan mala, después de todo?

6 porciones (2 rebanadas de lomo con 1/3 taza de salsa)

900 g	lomo de cerdo
1 cucharada	aceite de oliva
	sal
	pimienta negra
2 tazas	mango picado (entre 2 y 3 mangos)
1	chile chipotle desvenado y picado (ver página 18)
1/4 de taza	cebollas de cambray picadas
2 cucharaditas	jugo de limón, fresco
2 cucharadas	cilantro picado

1. Caliente el horno a 180° C.
2. Caliente el aceite de oliva en la sartén a fuego de medio a alto. Ponga sal y pimienta al cerdo y dórelo bien por todas partes a fuego muy vivo. Ponga el lomo en un molde refractario.
3. Meta la carne al horno por 15 minutos, o hasta que esté cocida. (Se considera que la carne de puerco está cocida cuando tiene una temperatura de 75° C.)

Calorías:	243
Total de grasas:	7.8 g
Grasas saturadas:	2.8 g
Carbohidratos:	10.7 g
Fibra:	0.7 g

cont. . . .

Pork Loin with Mango-Chipotle Salsa

Preparation: 10 min.   Cook: 20 min.   Total: 30 min.

Fresh fruit salsas are a great way to dress up any meal. They have it all: flavor, texture, aroma and, most importantly, minimal calories and fat. Mangoes are at their best in summer, juicy and full of sweetness. If you're making this recipe and the mangoes are a little tart, try adding a tablespoon of brown sugar. Unfortunately, this will change the nutritional information below . . . maybe tart isn't so bad after all?

6 servings (2 slices of pork with 1/3 cup of salsa)

2 pounds	pork tenderloin
1 tablespoon	olive oil
	salt
	black pepper
2 cups	mango, chopped (approx. 2–3)
1	chile chipotle, seeded and minced (see page 19)
1/4 cup	green onions, chopped
2 teaspoons	fresh Mexican lime juice
2 tablespoons	cilantro, chopped

1. Preheat the oven to 350° F.
2. Heat the olive oil in a frying pan over medium-high heat. Salt and pepper the tenderloin and sear until well browned on all sides. Transfer to a baking sheet.
3. Place the tenderloin in the oven for about 15 minutes or until done (which for pork means 140 degrees).

Calories:	243
Total fat:	7.8 g
Saturated fat:	2.8 g
Carbohydrates:	10.7 g
Fiber:	0.7 g

cont. . . .

4. Mientras el lomo está en el horno vierta todos los ingredientes de la salsa en un platón grande y mézclelos bien.

5. Corte la carne y báñela con la salsa de mango.

VARIACIÓN BAJA EN CARBOHIDRATOS:
Haga la mitad de la receta de salsa de mango para las 6 porciones de puerco.

 Agregue 1 ó 2 chipotles picados más.

Salsa de chipotle con fruta:
Sustituya la taza de mango por una taza de piña picada.

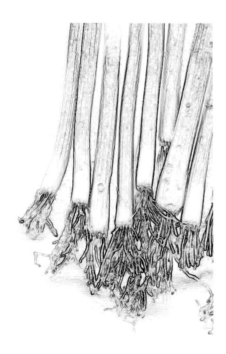

4. While the pork tenderloin is in the oven, place all the salsa ingredients into a large bowl and mix well.

5. Slice the tenderloin and top with the Mango Salsa.

LOW-CARB OPTION:
Make 1/2 of the Mango Salsa recipe for 6 servings of pork.

 Add another 1–2 minced chipotle chiles.

Fruit-Chipotle Salsa:
Substitute 1 cup chopped pineapple for a cup of the mango.

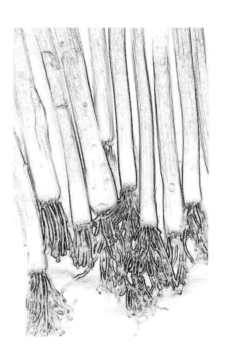

LOMO DE PUERCO CON SALSA DE TOMATE VERDE Y PIÑA

Preparación: 10 min.   Cocción: 20 min.   Total: 30 min.

Existen cientos de recetas para preparar salsa de tomate verde. Algunas requieren que se agregue aguacate cremoso, otras llevan chiles chipotles en lugar de serranos y en el sur es común encontrar una salsa verde picantísima con chile habanero. En la receta que presento se añade piña para endulzar el sabor ligeramente ácido del tomate verde y también para rebajar el picante.

6 porciones (2 rebanadas de lomo con 1/2 taza de salsa)

900 g	lomo de cerdo
1 cucharada	aceite de oliva
1 cucharadita	sal
1 cucharadita	pimienta negra
450 g	tomates verdes sin cáscara (pelados) y lavados
2	chiles serranos
1	cebolla blanca mediana rebanada
2 dientes	ajo picado
1 taza	piña picada
1/4 de taza	cilantro picado
1/2 cucharadita	sal, o sal al gusto

1. Caliente el horno a 180° C.

2. Caliente el aceite de oliva en una sartén a fuego alto. Ponga sal y pimienta al lomo y dórelo bien por todos sus lados.

3. Ponga el lomo en el horno 15 minutos, o hasta que esté hecho (el puerco se considera cocido cuando alcanza 75° C).

Calorías:	311
Total de grasas:	14.1 g
Grasas saturadas:	4.4 g
Carbohidratos:	11.7 g
Fibra:	1.0 g

cont. . . .

Pork Loin with Tomatillo-Pineapple Salsa

Preparation: 10 min.   Cook: 20 min.   Total: 30 min.

There are hundreds of versions of tomatillo salsa. Some recipes call for the addition of creamy avocados; others use chipotle chiles instead of serranos, and in southern Mexico it's common to find a spicy green salsa heated to the extreme with habanero chiles. The following recipe adds pineapple to sweeten up the somewhat tart flavor of the tomatillos, as well as to minimize the heat.

6 servings (2 slices of pork with 1/2 cup salsa)

2 pounds	pork tenderloin
1 tablespoon	olive oil
1 teaspoon	salt
1 teaspoon	black pepper
1 pound	tomatillos, husked and rinsed
2	serrano chiles
1	medium white onion, sliced
2	cloves garlic, peeled
1 cup	pineapple, chopped
1/4 cup	cilantro, chopped
1/2 teaspoon	salt or to taste

1. Preheat the oven to 350° F.
2. Heat the olive oil in a frying pan over high heat. Salt and pepper the tenderloin. Brown well on all sides.
3. Place the tenderloin in the oven for about 15 minutes or until done (which for pork means 140 degrees).

Calories:	311
Total fat:	14.1 g
Saturated fat:	4.4 g
Carbohydrates:	11.7 g
Fiber:	1.0 g

cont. . . .

125

4. Mientras el lomo está en el horno forre un molde refractario con papel aluminio y coloque los tomatillos, los chiles serranos, la cebolla, el ajo y la piña y póngalos en el asador del horno hasta que estén suaves y ligeramente tostados (ennegrecidos), aproximadamente 5 minutos de cada lado. Deje enfriar. Ponga la piña a un lado.

5. Ponga los ingredientes del paso anterior, con excepción de la piña, en un procesador de alimentos y muélalos ligeramente para que los ingredientes queden en trozos grandes.

6. Vierta la mezcla en un platón grande. Agregue la piña, el cilantro y la sal.

7. Corte el lomo de cerdo y vierta la salsa encima con una cuchara.

VARIACIÓN BAJA EN CARBOHIDRATOS:
Suprima la piña.

 Añada 1 o 2 chiles serranos más.

PLANEE CON ANTICIPACIÓN:
Haga la salsa 1 o 2 días antes.

VARIACIÓN: Use res, pollo o verduras asadas en lugar del puerco.

126

4. While the tenderloin is in the oven, line a baking sheet with foil and place the tomatillos, serrano chiles, onion, garlic, and pineapple on it. Place under the broiler until soft and slightly blackened, about 5 minutes on each side. Let cool. Set the pineapple aside.

5. Place the broiled ingredients, except the pineapple, in a food processor and pulse until roughly chopped.

6. Pour the mixture into a large bowl. Stir in the pineapple, cilantro, and salt.

7. Slice the pork tenderloin and spoon the salsa on top.

LOW-CARB OPTION:
Omit the pineapple.

 Add another 1–2 serrano chiles.

PLAN AHEAD:
1–2 days in advance: make the salsa.

VARIATION: Use beef, chicken, or roasted vegetables in place of the pork.

BISTEC EN SALSA NEGRA

Preparación: 25 min.   Cocción: 15 min.   Total: 40 min.

Los chiles pasilla son chiles secos, largos, delgados y de color negro. Cuando son frescos se les conoce como 'chilacas,' sin embargo son más conocidos secos. El pasilla tiene un sabor bastante moderado y ahumado y por lo general se usa en moles, particularmente en el centro de México. Tradicionalmente este chile se muele en salsa, se guisa con trozos de carne de res o puerco y se sirve con tortillas de maíz para comerse en tacos. Esta receta es una variación de este platillo, en la que se corta la carne en tiras alargadas o en trozos para cocinarla con la salsa. Si desea una presentación más elegante, cocine el bistec de falda, o su corte de carne favorito y luego báñelo con la Salsa Pasilla.*

6 porciones (150 g. de bistec con 1/4 taza de salsa)

4	chiles pasilla, desvenados (ver página 16)
1 cucharadita	aceite vegetal o de maíz
1 y 1/2 tazas	agua tibia
3 dientes	ajo
3/4 de cucharadita	sal
1 cucharadita	comino molido
1 cucharadita	orégano seco
900 g	bistec de falda marinada (ver página 12)

1. Después de desvenar y limpiar los chiles pasilla, fríalos a fuego alto durante algunos minutos hasta que comience a salir humo. Entonces colóquelos en un platón y cúbralos con agua tibia. Déjelos reposar durante 20 minutos, o hasta que estén suaves.

2. Mientras se remojan los chiles coloque los dientes de ajo bajo la parrilla del horno hasta que se doren.

Calorías:	253
Total de grasas:	13.6 g
Grasas saturadas:	5.2 g
Carbohidratos:	8.9 g
Fibra:	0.1 g

128

cont. . . .

BEEF WITH CHILE PASILLA SALSA

Preparation: 25 min.   Cook: 15 min.   Total: 40 min.

Pasilla chiles are dried chiles that are long, thin, and black in color. When fresh, they are called *Chilacas*; however, they are better known in their dried form. Pasillas have a somewhat mild and smoky flavor and are commonly added to Moles, especially in central Mexico. Pasillas are traditionally made into a salsa and stewed with chunks of beef or pork and served with corn tortillas for making tacos. This recipe is a variation of that idea, cutting the meat into long, thin strips or chunks to be cooked with the salsa. For a more elegant presentation, grill the skirt steak, or any other favorite cut of meat, and then spoon the Chile Pasilla Salsa on top.*

6 servings (5 oz. of skirt steak with 1/4 cup of salsa)

4	pasilla chiles, seeded and deveined (see page 17)
1 teaspoon	vegetable or corn oil
1 1/2 cups	warm water
3	cloves garlic, peeled
3/4 teaspoon	salt
1 teaspoon	ground cumin
1 teaspoon	dried oregano
2 pounds	marinated skirt steak (see page 13)

1. After removing all the seeds and veins from the pasilla chiles, fry them in oil over high heat for a few minutes, until they start to smoke. Then place the chiles in a bowl and cover with the warm water. Let sit for about 20 minutes or until softened.

2. While the chiles are soaking, brown the garlic cloves under a broiler.

Calories:	253
Total fat:	13.6 g
Saturated fat:	5.2 g
Carbohydrates:	8.9 g
Fiber:	0.1 g

cont. . . .

129

3. Ponga los chiles (con el agua), el ajo, sal y especias en la licuadora y muélalos hasta que se hagan puré. Deje reposar.

4. Corte el bistec de falda en tiras de 2.5 cm de ancho, a lo largo, y dórelas en una sartén grande a fuego alto. Vierta la salsa de pasilla en la misma olla y deje que suelte el hervor. Disminuya la temperatura y cueza a fuego lento durante 15 minutos. La cantidad de salsa se reducirá por la cocción.

*Si prefiere bañar los bisteces con la salsa de chile pasilla, cambie el paso 4, cueza la salsa, sin la carne, hasta que se espese.

PLANEE CON ANTICIPACIÓN:
Haga la salsa entre 1 y 3 días antes.

La salsa de chile pasilla también se conserva bien congelada, con o sin la carne.

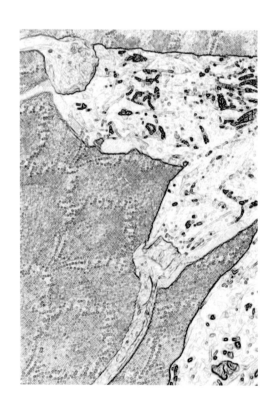

3. Place the chiles (with the water), garlic, salt, cumin, and oregano into a blender and purée. Set aside.

4. Cut the skirt steak into 1-inch strips across the grain and brown in a large pan over high heat. Pour the Pasilla Salsa into the same pot and let it come to a boil. Lower the flame and simmer for about 15 minutes. The salsa should cook down a little.

*If you prefer to pour the Chile Pasilla Salsa on top of the skirt steak, adjust step 4. Cook the salsa, without the meat, until it thickens.

PLAN AHEAD:

1–3 days in advance: make the salsa.

Chile Pasilla Salsa also freezes well, with or without the skirt steak.

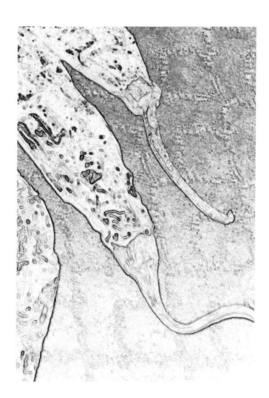

CARNE ASADA CON RAJAS

Preparación: 10 min.   Cocción: 15 min.   Total: 25 min.

La carne asada es común en todo México, especialmente en las zonas de ranchos ganaderos en la región norte del país. Por lo general se sirve con tortillas y es perfecta para hacer tacos. Siempre la acompañan una serie de salsas y chiles y en algunas ocasiones una combinación de chiles poblanos asados y cebollas, llamada rajas. Si se suprimen las tortillas y se sirven las rajas encima de la carne, con una buena ensalada y una cucharada de guacamole se cuenta con una comida sabrosa y perfecta para una dieta baja en carbohidratos.

6 porciones (180 g. de bistec con 1/2 taza de rajas)

3	chiles poblanos, asados y pelados, sin semillas (ver página 16)
1 cucharada	aceite de oliva
4 dientes	ajo finamente picados
1	cebolla blanca grande rebanada
1/2 cucharadita	sal
1/2 cucharadita	pimienta negra
1/2 cucharadita	orégano seco
6	bisteces de sirloin o de lomo de res de 180 g cada uno

1. Córtelos los chiles poblanos en rajas de 1.25 cm.
2. Ponga el aceite de oliva en una sartén grande a fuego entre medio y alto y cuando se caliente agregue primero el ajo y luego la cebolla. Cueza entre 8 y 10 minutos, o hasta que estén suaves.
3. Agregue los chiles poblanos, la sal, la pimienta y el orégano seco. Cocine todo otros 2 ó 3 minutos más.
4. Mientras prepara las rajas, ase la carne o prepárela a la parrilla y vierta las rajas encima.

Calorías:	284
Total de grasas:	3.9 g
Grasas saturadas:	11.6 g
Carbohidratos:	5.4 g
Fibra:	0.4 g

cont. . . .

STEAK WITH ROASTED POBLANO CHILES AND ONION

Preparation: 10 min.   Cook: 15 min.   Total: 25 min.

Carne Asada, or grilled meat, is common throughout Mexico, especially in the cattle ranching areas of the North. Usually served with tortillas, the meat is perfect for making tacos. It's always accompanied by a variety of salsas and chiles and sometimes by a spicy combination of roasted poblano peppers and onions, called rajas. Eliminating the tortillas and serving the rajas on top of a grilled steak, along with a big salad and spoonful of guacamole, makes a perfect and tasty low-carb meal.

6 servings (6 oz. of skirt steak with 1/2 cup of salsa)

3	poblano chiles, roasted and cleaned (see page 17)
1 tablespoon	olive oil
4	cloves garlic, minced
1	large white onion, sliced
1/2 teaspoon	salt
1/2 teaspoon	black pepper
1/2 teaspoon	dried oregano
6 6-oz.	sirloin or tenderloin steaks

1. Cut the poblano chiles into 1/2-inch strips.
2. Place the olive oil in a large frying pan over medium-high heat. When hot, add the garlic and then the onion. Cook 8–10 minutes or until soft.
3. Add the roasted poblano chiles, salt, pepper, and dried oregano. Cook another 2–3 minutes.
4. While preparing the rajas, grill or broil the steaks. Spoon the rajas on top.

Calories:	284
Total fat:	3.9 g
Saturated fat:	11.6 g
Carbohydrates:	5.4 g
Fiber:	0.4 g

cont. . . .

133

VARIACIÓN BAJA EN CARBOHIDRATOS:

Añada 1/2 taza de crema mexicana a las rajas durante el paso 3.

VARIACIÓN BAJA EN GRASAS:

Sirva bisteces de 120 g con las rajas y porciones más abundantes de verduras o ensalada a un lado.

 Agregue su chile fresco favorito, ya sea entero o en rajas mientras cocina las cebollas.

PLANEE CON ANTICIPACIÓN:

Ase los chiles poblanos y córtelos en rajas con 1 ó 2 días de anticipación.

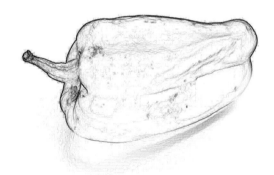

LOW-CARB OPTION:
Feel free to add 1/2 cup of Mexican crema to the rajas during step 3.

LOW-FAT OPTION:
Serve only 4-oz. steaks with rajas and larger portions of vegetables or salad on the side.

 Add your favorite fresh chile, sliced or whole, to the pan while cooking the onions.

PLAN AHEAD:
1–2 days in advance: roast the poblano chiles and cut into strips.

PUNTAS DE RES A LA MEXICANA

Preparación: 10 min. Cocción: 15 min. Total: 25 min.

La expresión 'a la mexicana' describe a cualquier platillo que contiene una combinación picante de tomates, cebolla y chiles serranos. Puede tratarse de huevos revueltos, pollo, mariscos o carne de res, como es el caso en esta receta. Es un plato nacional en el que los tres ingredientes principales simbolizan los colores de la bandera mexicana: rojo, blanco y verde.

4 porciones (150 g. de bistec con 1/4 taza de salsa)

600 g	bistec de falda de res marinado (ver página 12)
1 cucharada	aceite de oliva
1	cebolla blanca grande en rajas
3	jitomates a los que se haya quitado el centro y rebanado a lo largo
3	chiles serranos picados
1 cucharada	cilantro picado
	sal al gusto
	pimienta al gusto

1. Corte los bisteces de falda a lo largo en rajas de 2.5 cm.
2. Ponga el aceite de oliva en una olla grande a fuego entre mediano y alto. Agregue la carne y dórela por todos sus lados.
3. Agregue la cebolla, el jitomate y los chiles serranos cubra la olla y remueva de cuando en cuando hasta que la carne esté lista, en 4 ó 5 minutos. Espolvoree con el cilantro, la sal y la pimienta.

Calorías:	**289**
Total de grasas:	**12.3 g**
Grasas saturadas:	**4.9 g**
Carbohidratos:	**12.8 g**
Fibra:	**1.5 g**

cont. . . .

MEXICAN BEEF TIPS

Preparation: 10 min.   Cook: 15 min.   Total: 25 min.

In Spanish, the term *a la mexicana* means any dish containing the fiery combination of tomatoes, onions, and serrano chiles. It could be scrambled eggs, chicken, seafood, or beef, as in this recipe. It's a patriotic dish with the three main ingredients symbolizing the colors of the Mexican flag: red, white, and green.

4 servings (5 oz. of skirt steak with 1/4 cup of salsa)

1 1/4 pounds	marinated skirt steak (see page 13)
1 tablespoon	olive oil
1	large white onion, sliced
3	Roma tomatoes, cored and sliced lengthwise from the center
3	serrano chiles, sliced lengthwise
1 tablespoon	cilantro, chopped
	salt to taste
	black pepper to taste

1. Slice the skirt steak, across the grain, into 1-inch strips.
2. Place the olive oil in a large pot over medium-high heat. Add the steak and brown on all sides.
3. Add the onion, tomato, and serrano chiles, cover, stirring occasionally until the steak is done, 4–5 minutes. Sprinkle with the cilantro, salt, and pepper.

Calories:	289
Total fat:	12.3 g
Saturated fat:	4.9 g
Carbohydrates:	12.8 g
Fiber:	1.5 g

cont. . . .

VARIACIÓN BAJA EN CARBOHIDRATOS:

Suprima los tomates y los carbohidratos se reducirán a 10 gramos.

VARIACIÓN BAJA EN GRASAS:

Compre un corte de carne con menos grasa, tal como sirloin, el total de grasa se reducirá a 8 gramos.

 Agregue chiles serranos o jalapeños adicionales.

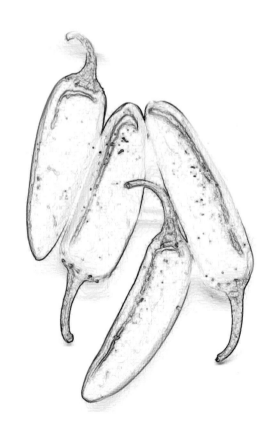

LOW-CARB OPTION:

Omit the tomatoes, and the carbs drop to 10 grams.

LOW-FAT OPTION:

If you use a leaner cut of meat, such as sirloin, the total fat will drop to 8 grams.

 Add additional serrano or jalapeño chiles.

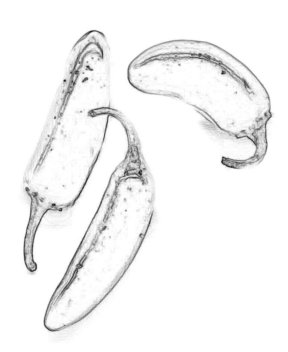

RES EN SALSA DE AGUACATE

Preparación 5 min.   Cocción: 25 min.   Total: 30 min.

Los guisados por lo general se sirven como la comida principal y se combina un tipo de carne con una salsa. La salsa en este caso contiene tomatillo y se le agrega aguacate al final para darle una textura cremosa y un sabor más suave. Lo más común es que la salsa y la carne se cocinen juntas, sin embargo, para darle un toque moderno, puede asar algunos bisteces a la parrilla y verter la salsa encima.

6 porciones (180 g. of bistec con 1/2 taza de salsa)

450 g	tomates verdes lavados y pelados
4	dientes de ajo pelados
1	cebolla blanca grande rebanada
2	chiles serranos enteros
1/2 taza	agua
1/2 taza	cilantro
3/4 de cucharadita	sal, o sal al gusto
1	aguacate rebanado
1 cucharadita	jugo de limón
1 cucharada	aceite de oliva
6	piezas de bistec de 180 g cada uno, aplanadas a 1.25 cm de espesor

1. Caliente el asador del horno.
2. Coloque los tomates verdes, el ajo, la cebolla y los chiles en un molde refractario cubierto con papel aluminio. Póngalos bajo el asador hasta que estén suaves y ligeramente ennegrecidos, aproximadamente 5 minutos por cada lado.

Calorías:	324
Total de grasas:	13.9 g
Grasas saturadas:	3.3 g
Carbohidratos:	11.4 g
Fibra:	1.6 g

cont. . . .

BEEF IN AVOCADO SALSA

Preparation: 5 min.   Cook: 25 min.   Total: 30 min.

Guisados, or stews, are usually served as the main meal of the day, pairing a type of meat and a salsa. The salsa in this recipe has a tomatillo base with avocado added at the end for a creamy texture and smoother flavor. Typically, the meat and salsa are cooked together; however, for a modern touch, grill some steaks and pour the salsa on top.

6 servings (6 oz. of steak with 1/2 cup of salsa)

1 pound	tomatillos, husked and rinsed
4	cloves garlic, peeled
1	large white onion, sliced
2	serrano chiles, whole
1/2 cup	water
1/2 cup	cilantro
3/4 teaspoon	salt, or to taste
1	avocado, sliced
1 teaspoon	Mexican lime juice
1 tablespoon	olive oil
6 6-oz.	top round steaks, pounded 1/2-inch thick

1. Preheat the broiler.
2. Place the tomatillos, garlic, onion, and chiles on a baking sheet covered with foil. Slide under the broiler until soft and slightly blackened, about 5 minutes on each side.
3. Place these ingredients, along with the water, in a blender with the cilantro, salt, avocado, and lime juice. Purée. Set aside.

Calories:	342
Total fat:	13.9 g
Saturated fat:	3.3 g
Carbohydrates:	11.4 g
Fiber:	1.6 g

cont. . . .

3. Ponga estos ingredientes junto con el agua en una licuadora y añada el cilantro, la sal, el aguacate y el jugo de limón y muélalos hasta hacerlos puré. Déjelos reposar.

4. Corte el bistec en tiras anchas. Ponga el aceite de oliva en una sartén grande a fuego entre medio y alto. Cuando esté caliente agregue los bisteces y dórelos.

5. Agregue la salsa a la sartén y cuézala durante 5 minutos, o hasta que la carne esté lista.

VARIACIÓN BAJA EN GRASAS:

Suprima el aguacate y sirva únicamente la salsa de tomate verde asado. El total de grasas se reducirá a 8.8 gramos.

Agregue más chiles serranos.

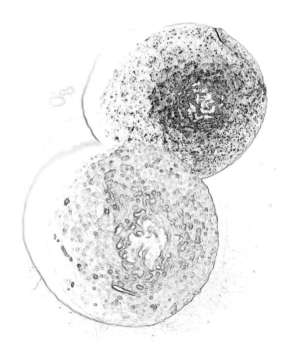

4. Cut the steak into wide strips. Place the olive oil in a large frying pan over medium-high heat. When hot, add the steaks and brown.

5. Add the salsa to the frying pan and cook for 5 minutes or until the meat is done.

LOW-FAT OPTION:

Omit the avocado and serve only with Roasted Tomatillo Salsa. The total fat will go down to 8.8 grams.

 Add additional serrano chiles.

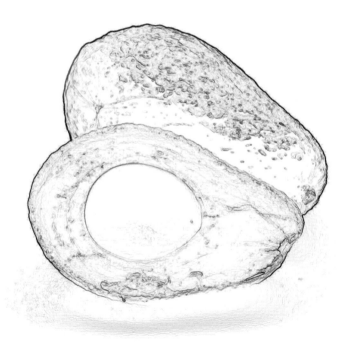

ALBÓNDIGAS EN SALSA DE CHIPOTLE

Preparacion: 15 min.   Cocción: 30 min.   Total: 45 min.

Por lo general en México las albóndigas están hechas de una combinación de carne de res y de puerco. Se guisan en diversas salsas, sin embargo, esta salsa de chipotle con su sabor ahumado es un complemento perfecto para la mezcla de carne de res y especias que se utiliza en esta receta.

6 porciones (aproxidamente 5 albóndigas con 1/2 taza de salsa)

Salsa

450 g	jitomates
1	cebolla blanca, en trozos
2	dientes de ajo pelados
1	chile chipotle desvenado y picado
1 cucharada	sal, o sal al gusto

Albóndigas

450 g	carne de res molida magra
4 dientes	ajo picados
1	cebolla blanca finamente picada
2 cucharadas	cilantro finamente picado
1	huevo batido
1/2 cucharadita	pimienta negra
1 cucharada	sal
1/2 cucharadita	comino molido

Calorías:	233
Total de grasas:	11.4 g
Grasas saturadas:	4.3 g
Carbohidratos:	11.3 g
Fibra:	1.1 g

1. Ponga los jitomates, la cebolla y el ajo en una olla grande. Agregue suficiente agua para cubrirlos. Deje que suelte el primer hervor y baje el fuego a medio. Cocine hasta que los tomates estén suaves. Aproximadamente 15 minutos. (Ver paso 4.)

cont. . . .

MEATBALLS IN CHIPOTLE SALSA

Preparation: 15 min.   Cook: 30 min.   Total: 45 min.

In Mexico, meatballs are usually a combination of ground beef and pork. They are stewed in a variety of salsas; however, this smoky chipotle salsa is the perfect complement for the spiced beef mixture in this recipe.

6 servings (approximately 5 meatballs with 1/2 cup of salsa)

Salsa

1 pound	Roma tomatoes
1	white onion, quartered
2 cloves	garlic, peeled
1	chipotle chile, seeded and chopped
1 teaspoon	salt, or to taste

Meatballs

1 pound	extra lean ground beef
4 cloves	garlic, minced
1	white onion, finely chopped
2 tablespoons	cilantro, finely chopped
1	egg, beaten
1/2 teaspoon	black pepper
1 teaspoon	salt
1/2 teaspoon	ground cumin

1. Place the tomatoes, onion, and garlic in a large stock pot. Add enough water to cover. Bring to a boil over high heat. Lower to medium and simmer until the tomatoes are soft, about 15 minutes. (See step 4.)

Calories:	233
Total fat:	11.4 g
Saturated fat:	4.3 g
Carbohydrates:	11.3 g
Fiber:	1.1 g

cont. . . .

145

2. Vacíe el contenido de la olla en la jarra de la licuadora. Agregue el chile chipotle y la sal y muela todo.

3. Cuele el contenido de la licuadora en la olla y póngala a fuego alto hasta que vuelva a romper el hervor.

4. Mientras se cuece la salsa, haga las albóndigas. Ponga todos los ingredientes en un platón grande y mezcle todo muy bien.

5. Con la mezcla de carne haga bolitas de 30 g. (Esta mezcla debe rendirle para hacer entre 24 y 26 albóndigas.)

6. Una vez que la salsa comience a hervir ponga las albóndigas en la olla. Baje el fuego entre medio y alto y cocine durante 12 a 15 minutos o hasta que estén listas las albóndigas.

VARIACIÓN BAJA EN CARBOHIDRATOS:

Suprima la salsa de chipotle y fría las albóndigas en un poco de aceite de oliva. Para conservar el sabor picante pique 2 chiles chipotles y agréguelos directamente a la mezcla de las albóndigas.

 Añada 1 ó 2 chiles chipotles.

PLANEE CON ANTICIPACIÓN:

Haga las albóndigas y refrigérelas con un día de anticipación.

Entre 1 y 3 días antes haga la salsa de chipotle.

Tanto las albóndigas como la salsa de chipotle se conservan bien congeladas, así que puede hacer el doble de lo que necesita y congelar la mitad.

VARIACIÓN: Para hacer las cosas más simples, se utilizan 2 latas de chiles chipotle, pero si quisiera hacer una versión más auténtica tueste 2 chipotles secos en una plancha, volteándolos de cuando en cuando hasta que estén suaves. Corte los chiles y desvénelos. Añádalos a la mezcla de tomates, paso 1.

2. Empty the stockpot, along with the water, into a blender jar. Add the chipotle chile and salt. Purée.

3. Strain the salsa back into the stock pot. Bring to a boil over high heat.

4. While the salsa is cooking, make the meatballs: Place all the ingredients in a large bowl and mix well.

5. Form the beef mixture into 1-oz. round balls. (This recipe should yield between 24–26 meatballs.)

6. Once the salsa reaches a boil, place the meatballs directly into the stock pot. Lower the heat to medium-high and cook for 12–15 minutes or until the meatballs are done.

LOW-CARB OPTION:

Eliminate the chipotle sauce and fry the meatballs in a little olive oil. To keep the spiciness, mince 2 chipotle chiles and add them directly to the meatball mixture.

 Add another 1–2 chipotle chiles.

PLAN AHEAD:

1 day in advance: make the meatballs and refrigerate.

1–3 days in advance: make the Chipotle Salsa.

Both the meatballs and the Chipotle Salsa freeze well, so make a double batch and freeze half.

VARIATION: For simplicity, a canned chipotle chile is used, but if you would like to try a more authentic version, toast 2 dried chipotle chiles on a griddle, turning occasionally, until soft. Slit the chiles and remove the seeds and veins. Place the chiles into the tomato mixture in step 1.

CAMARONES AL AJILLO CON CHILE PASILLA

Preparación: 15 min.   Cocción: 10 min.   Total: 25 min.

Esta variación de la receta al mojo de ajo resulta una comida perfecta baja en carbohidratos. Teniéndo únicamente 1.6 gramos de carbohidratos puede servirse dos y hasta tres veces. Sirva los camarones con rebanadas de limón y una ensalada grande.

4 porciones de 120 g.

1	chile pasilla
1 y 1/2 cucharadas	aceite de oliva
6 dientes	ajo picados
450 g	camarón pelado y lavado
1/2 cucharadita	sal, o sal al gusto
1 cucharada	perejil

1. Ponga el chile pasilla en una plancha caliente y tuéstelo por ambos lados durante 2 minutos. Corte el chile en tiras delgadas y tire las semillas. Déjelos a un lado.

2. Ponga el aceite de oliva en una sartén grande a fuego entre medio y alto. Cuando esté caliente agregue el ajo y sofríalo durante un minuto.

3. Añada el camarón y continúe cocinándolo hasta que esté hecho, removiéndolo frecuentemente durante 3 ó 4 minutos. Agregue la sal.

4. Adorne el plato con perejil y chile pasilla tostado.

 Agregue chile pasilla o chipotle picado adicional mientras cocina el camarón.

PLANEE CON ANTICIPACIÓN:
Tueste el chile pasilla 1 ó 2 días antes.

Calorías:	160
Total de grasas:	6.3 g
Grasas saturadas:	1 g
Carbohidratos:	1.6 g
Fibra:	0.1 g

GARLIC SHRIMP WITH CHILE PASILLA

Preparation: 15 min.   Cook: 10 min.   Total: 25 min.

This variation of Mojo de Ajo, or "garlic bath," makes the perfect low-carb meal. With only 1.6 grams of carbohydrates, you can go back for seconds or even thirds. Serve the shrimp with slices of lemon and a large salad.

4 4-oz. servings

1	pasilla chile
1 1/2 tablespoons	olive oil
6 cloves	garlic, minced
1 pound	shrimp, cleaned and deveined
1/2 teaspoon	salt or to taste
1 tablespoon	parsley

1. Place the pasilla chile on a hot griddle and toast on both sides for 2 minutes. Cut the chile into thin strips and discard all the seeds. Set aside.

2. Place the olive oil in a large frying pan over medium-high heat. When hot, add the garlic and sauté for one minute.

3. Add the shimp and continue cooking until done, stirring frequently for about 3–4 minutes. Add the salt.

4. Garnish with the parsley and toasted pasilla chile.

 Add an extra pasilla chile or minced chipotle when you're cooking the shrimp.

PLAN AHEAD:
1–2 days in advance: toast the pasilla chile.

Calories:	160
Total fat:	6.3 g
Saturated fat:	1 g
Carbohydrates:	1.6 g
Fiber	0.1 g

149

CAMARONES CON PIPIÁN VERDE

Preparación: 10 min.   Cocción: 30 min.   Total: 40 min.

El pipián es una salsa hecha con semillas de calabaza molidas cuyo origen se remonta a los aztecas. En la región central de México por lo general se sirve con pollo, sin embargo, el camarón es más común en las regiones costeras. En la cocina mexicana moderna la salsa se fríe en aceite después de molerse, yo he eliminado este paso sin que se pierda tanto el sabor.

6 porciones de 120 g

1 taza	semillas de calabaza
1/4 de taza	semillas de ajonjolí
250 g	tomates verdes pelados y lavados
1	chile serrano
1/2	cebolla blanca rebanada
2 dientes	ajo pelados
2 hojas	lechuga
1/4 de taza	cilantro
2 tazas	caldo de pollo
1 cucharadita	sal, o sal al gusto
1/2 cucharadita	pimienta negra
450 g	de camarón limpio y pelado

1. Caliente el asador del horno.
2. Tueste las semillas de calabaza en una sartén a fuego alto o en el asador, removiendo frecuentemente para que no se quemen. (Evite dorarlas en exceso para mantener el color verde que es la característica distintiva de esta salsa.) Guarde 1/4 de taza de las semillas para usarlas como adorno. Tueste las semillas de ajonjolí de la misma forma.

Calorías:	191
Total de grasas:	6.8 g
Grasas saturadas:	1.2 g
Carbohidratos:	11.5 g
Fibra:	4.5 g

cont. . . .

SHRIMP WITH GREEN PIPIÁN

Preparation: 10 min.   Cook: 30 min.   Total: 40 min.

Pipián is a sauce made of ground pumpkin seeds, which dates back to the Aztec Indians. In central Mexico, it's almost always served with chicken; however, shrimp is more common to the coastal regions. The modern Mexican kitchen calls for frying the sauce in oil after it's puréed, but I've eliminated this step without sacrificing much flavor.

6 4-oz. servings

1 cup	pumpkin seeds
1/4 cup	sesame seeds
1/2 pound	tomatillos, husked and rinsed
1	serrano chile
1/2	white onion, sliced
2	cloves garlic, peeled
2	lettuce leaves
1/4 cup	cilantro
2 cups	chicken broth
1 teaspoon	salt, or to taste
1/2 teaspoon	black pepper
1 pound	shrimp, cleaned and deveined

1. Preheat the broiler.
2. Toast the pumpkin seeds in a frying pan over high heat or under the broiler, stirring frequently so they don't burn. (Avoid browning them excessively to maintain the sauce's trademark green color.) Separate 1/4 cup for the garnish. Toast the sesame seeds in the same manner.

Calories:	191
Total fat:	6.8 g
Saturated fat:	1.2 g
Carbohydrates:	11.5 g
Fiber:	4.5 g

cont. . . .

3. Ponga los tomates verdes, el chile, la cebolla y el ajo en una bandeja bajo el asador hasta que estén suaves, aproximadamente 5 minutos de cada lado.

4. Muela todos los ingredientes, con excepción del camarón, en una licuadora hasta que la mezcla esté homogénea.

5. Ponga la salsa en una olla a fuego alto hasta que suelte el primer hervor. Baje el fuego a medio y deje cocer durante 10 minutos aproximadamente.

6. Mientras se cuece el pipián, hierva agua en una olla grande. Agregue los camarones y cueza durante 5 minutos, o hasta que estén listos. Escurra los camarones.

7. Mezcle los camarones en la salsa de pipián.

8. Adorne el plato con el 1/4 de taza de semillas de calabaza restante.

VARIACIÓN BAJA EN CARBOHIDRATOS:
Puede realzar esta salsa agregándole 1/2 taza de crema agria.

 Agregue 2 ó 3 chiles serranos más.

PLANEE CON ANTICIPACIÓN:
Tueste las semillas de calabaza y ajonjolí con anticipación.
El pipián se conserva bien en el refrigerador, así que se puede prepararlo unos días antes.

El pipián se conserva bien congelado, haga el doble y guarde la mitad para tenerlo listo para una comida rápida cuando no tenga tiempo de cocinar.

Pipián verde con pollo:
Ase o cocine a fuego lento 6 pechugas de pollo y bañe el pollo con la salsa de pipián. Adórnelo con semillas de calabaza tostadas.

3. Place the tomatillos, chile, onion, and garlic on a tray under the broiler until soft, about 5 minutes on each side.
4. Place all the ingredients, except the shrimp, in a blender. Purée until smooth.
5. Pour the sauce into a stock pot over high heat and bring to a boil. Lower to medium heat and let simmer for about 10 minutes.
6. While the Pipián is simmering, bring a large pot of water to a boil. Add the shrimp and cook for about 5 minutes or until done. Drain.
7. Mix the shrimp into the Pipián.
8. Garnish with the remaining 1/4 cup of toasted pumpkin seeds.

LOW-CARB OPTION:
You can enchance this sauce by adding 1/2 cup of sour cream.

 Add another 2–3 serrano chiles.

PLAN AHEAD:
In advance: toast the pumpkin and sesame seeds.
Pipián also holds well in the refrigerator, so it can be made a few days ahead.

Pipián freezes well, so make a double batch and save the other half for a quick meal when there's no time to cook.

Green Pipián with Chicken:
Grill or poach 6 chicken breasts and spoon the Pipián on top. Garnish with toasted pumpkin seeds.

153

CHILES POBLANOS RELLENOS DE ENSALADA DE CAMARÓN

Preparación: 25 min.   Cocción: 0 min.   Total: 25 min.

México está rodeado de bellas costas, sean éstas las del Pacífico, las del Golfo o las del Caribe, por ello es lógico que gran parte de su cocina incluya mariscos. Esta receta simplemente consta de una ensalada de camarones envuelta en un chile poblano asado. Es muy refrescante y resulta un platillo perfecto para un almuerzo veraniego. La mayor ventaja, sin embargo, es que se pueden preparar los ingredientes el día anterior y rellenar el chile una noche antes de servirlo. Preste especial atención a la receta baja en grasa que presento al final, puesto que si en lugar de mayonesa se usa yogurt cambia radicalmente la información nutricional.

6 porciones de 1 chile

6	chiles poblanos, asados y pelados, sin semillas (ver página 16)
340 g	camarones pequeños, cocidos
1 taza	almendras fileteados, ligeramente tostadas
1/2 taza	mayonesa
1 taza	manzanas peladas y cortadas en cubitos
1 taza	apio picado
2 cucharadas	perejil fresco picado
1/2 cucharadita	sal, o sal al gusto

1. Ponga los camarones cocidos en un platón mediano. Agregue las almendras, la mayonesa, las manzanas, el apio, el perejil y la sal. Mezcle todos los ingredientes.

2. Al rellenar el chile use suficiente ensalada de camarón para que se abra completamente y así tenga una presentación agradable.

3. Sirva cada chile en una cama de lechuga.

Calorías:	351
Total de grasas:	27.8 g
Grasas saturadas:	4 g
Carbohidratos:	8.6 g
Fibra:	0.9 g

154

cont. . . .

SHRIMP SALAD-STUFFED POBLANO CHILES

Preparation: 25 min.　Cook: 0 min.　Total: 25 min.

Mexico is edged by a beautiful coastline, whether you're referring to the Pacific, the Gulf Coast, or the Caribbean, so it makes sense that much of its cuisine incorporates seafood. This recipe is basically a shrimp salad showcased in a roasted poblano chile. It's quite refreshing and perfect for a summer lunch. The best part, though, is that you can prepare the different ingredients a day before and then assemble the dish right before serving. Pay special attention to the low-fat option below, since the use of mayonnaise versus low-fat yogurt alters the nutritional information considerably.

6 servings of 1 chile

6	poblano chiles, roasted and cleaned (see page 17)
12 ounces	small shrimp, cooked
1 cup	sliced almonds, lightly toasted
1/2 cup	mayonnaise
1 cup	apples, peeled and diced
1 cup	celery, chopped
2 tablespoons	fresh parsley, chopped
1/2 teaspoon	salt or to taste

1. Place the cooked shrimp in a medium bowl. Add the almonds, mayonnaise, apples, celery, parsley, and salt. Stir.
2. To assemble the chile, stuff each poblano with sufficient shrimp salad to allow it to fully open, making a beautiful presentation.
3. Serve each chile on a bed of lettuce.

Calories:	351
Total fat:	27.8 g
Saturated fat:	4 g
Carbohydrates:	8.6 g
Fiber:	0.9 g

cont. . . .

155

VARIACIÓN BAJA EN CARBOHIDRATOS:

Sustituya la taza de manzana por una taza de pepino.

VARIACIÓN BAJA EN GRASAS:

Sustituya la mayonesa con yogurt natural bajo en grasas. Al hacer esto las calorías se reducen drásticamente a 107 y el total de grasa se convierte en 10. (La cantidad de carbohidratos aumentará ligeramente.)

PLANEE CON ANTICIPACIÓN:

Un día antes: ase los chiles poblanos y haga la ensalada de camarón.

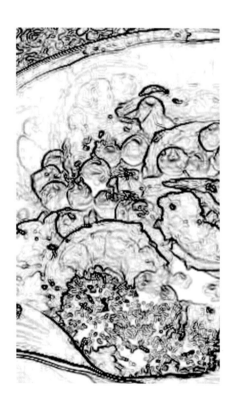

LOW-CARB OPTION:

Substitute cucumber for the cup of apples.

LOW-FAT OPTION:

Substitute low-fat plain yogurt for the mayonnaise. By doing this, the calories drastically drop to 107, and the amount of total fat becomes 10 grams. (The amount of carbs will increase slightly.)

PLAN AHEAD:

1 day in advance: roast the poblano chiles and make the shrimp salad.

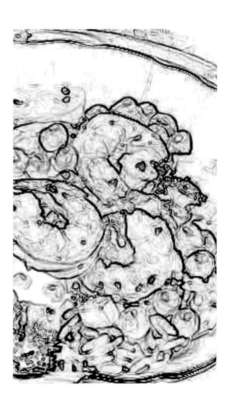

PESCADO A LA VERACRUZANA

Preparación: 15 min.   Cocción: 25 min.   Total: 40 min.

En la cocina que se origina en el estado de Veracruz, en la costa del Golfo de México, la influencia española predomina. Cuando los conquistadores desembarcaron en las costas de México hace 500 años, trajeron aceite de oliva, alcaparras y aceitunas verdes. Estos ingredientes combinados con tomates rojos maduros, naturales de América, conforman una parte importante de la cocina veracruzana.

6 porciones (155 g. de pescado con 1/2 taza de salsa)

2 cucharadas	aceite de oliva
4 dientes	ajo finamente picados
1/2	cebolla blanca picada
5	jitomates, picados
1 cucharada	orégano seco
1 + 1 cucharadas	perejil
3/4 de taza	aceitunas verdes sin semilla y picadas
1/4 de taza	alcaparras
1	chile jalapeño (en escabeche), picado
2 cucharadas	jugo de limón
1/2 taza	agua
1/2 cucharadita	sal, o sal al gusto
6	filetes de pescado de 150 g, de preferencia de Huachinango

1. Caliente el horno a 180° C.
2. Ponga el aceite de oliva en una sartén grande a fuego entre medio y alto. Cuando esté caliente, agregue el ajo y sofríalo durante un minuto.

Calorías:	254
Total de grasas:	6.5 g
Grasas saturadas:	0.9 g
Carbohidratos:	7.8 g
Fibra:	1.6 g

158

cont. . . .

FISH VERACRUZ STYLE

Preparation: 15 min.   Cook: 25 min.   Total: 40 min.

The cuisine coming from the state of Veracruz on the Gulf Coast has a predominantly Spanish influence. When the conquistadores landed on the shores of Mexico 500 years ago, they brought olive oil, capers, and green olives with them. These ingredients, along with ripe, red tomatoes, which are native to the Americas, form an important part of the Veracruz kitchen.

6 servings (5 oz. of fish with 1/2 cup of salsa)

2 tablespoons	olive oil
4 cloves	garlic, minced
1/2	white onion, chopped
5	Roma tomatoes, chopped
1 teaspoon	dried oregano
1 + 1 tablespoons	parsley, minced
3/4 cup	green olives, pitted and chopped
1/4 cup	capers
1	pickled jalapeño chile (en escabeche), chopped
2 tablespoons	Mexican lime juice
1/2 cup	water
1/2 teaspoon	salt or to taste
6 5 oz.	fresh fish fillets, preferably red snapper

1. Preheat the oven to 350° F.
2. Place the olive oil in a large frying pan over medium-high heat. When hot, add the garlic and sauté for one minute.

Calories:	**254**
Total fat:	**6.5 g**
Saturated fat:	**0.9 g**
Carbohydrates:	**7.8 g**
Fiber:	**1.6 g**

cont. . . .

159

3. Añada la cebolla y continúe sofriendo durante 2 ó 3 minutos más.

4. Agregue los jitomates, el orégano seco, 1 cucharada de perejil, las aceitunas, las alcaparras y el chile. Cueza durante aproximadamente 8 minutos.

5. Agregue el jugo de limón, el agua y la sal. Mezcle todo bien.

6. Ponga los filetes de pescado en un molde refractario no muy hondo. Vacíe la salsa de tomate y colóquelo en la parte superior del horno. Hornee por 12 a 15 minutos, o hasta que el pescado esté listo. (El tiempo dependerá del grosor de los filetes.)

7. Adorne con la cucharada adicional de perejil.

VARIACIÓN BAJA EN CARBOHIDRATOS:
Haga la mitad de la salsa y los carbohidratos bajarán a 3.9 gramos.

PLANEE CON ANTICIPACIÓN:
Haga la salsa de tomate de 1–3 días antes.

Esta salsa se conserva bien congelada, así que haga el doble y téngala lista para comidas de último minuto.

*También puede asar el pescado, rociándolo con aceite de oliva y jugo de limón, en lugar de hornearlo. Bañe el pescado con una cuchara antes de servirlo.

3. Add the onion and continue cooking for another 2–3 minutes.

4. Add the tomatoes, dried oregano, 1 tablespoon of parsley, olives, capers, and chile. Cook for about 8 minutes.

5. Add the lime juice, water, and salt. Mix well.

6. Place the fish fillets in a shallow baking dish. Pour the tomato sauce on top and place in the oven. Bake for 12–15 minutes or until the fish is done. (This will depend on the thickness of the fillets.)

7. Garnish with the extra tablespoon of parsley.

LOW-CARB OPTION:
Make half the amount of tomato sauce and the carbs will drop to 3.9 grams.

PLAN AHEAD:
1–3 days in advance: make the tomato sauce.

This sauce also freezes well, so make a double batch and have it on hand for last minute dinners.

*You can also grill the fish, basting it with olive oil and lime juice, instead of baking it. Spoon the tomato sauce on before serving.

ROBALO AL MOJO DE AJO

Preparación: 10 min.   Cocción: 25 min.   Total: 35 min.

El mojo de ajo, como muchos otras recetas puede atribuirse a los españoles, sin embargo, existen hoy en día muchas variantes. Los cubanos y los puertorriqueños usan naranjas, en lugar de limones lo que resulta en un sabor más dulce; la nueva cocina (nouvelle cuisine) permite el uso de frutas, verduras y especias, pero por lo general mantiene una base de aceite de oliva y ajo. El mojo tiene mucho sabor y es una excelente alternativa a salsas más pesadas y con crema. Se pueden utilizar para bañar a cualquier carne o marisco asado.

6 porciones (180 g. de pescado con 2 cucharadas de salsa)

10 dientes	ajo picados
1/4 de taza	aceite de oliva
3 cucharadas	jugo de limón
3 cucharadas	jugo de naranja
2 cucharadas	perejil picado
6	filetes de 180 g de robalo (lubina, o huachinango)
1 cucharadita	sal, o sal al gusto

1. Ponga el ajo picado y el aceite de oliva en una sartén pequeña a fuego de bajo a medio. Permita que el ajo se cueza lentamente hasta que tenga un color café dorado, aproximadamente 20 minutos. (No aumente el calor para apurar el proceso puesto que el ajo se tornará crujiente y estará recocido.)

2. Agregue el jugo de los cítricos y el perejil. Cueza otros 5 minutos.

3. Mientras se cuece la salsa, ponga sal y pimienta al pescado. Póngalo en una parrilla o bajo el asador del horno hasta que esté listo, aproximadamente 3 minutos de cada lado, dependiendo del grosor de los filetes.

4. Bañe cada filete con la salsa de ajo caliente.

Calorías:	206
Total de grasas:	7.8 g
Grasas saturadas:	1.5 g
Carbohidratos:	3.3 g
Fibra:	0.2 g

cont. . . .

Sea Bass in Garlic-Citrus Sauce

Preparation: 10 min.   Cook: 25 min.   Total: 35 min.

Garlic-citrus sauces (*mojos*), like many Mexican dishes, can be attributed to the Spaniards; however, today there are many variations. Cubans and Puerto Ricans use oranges instead of limes for a sweeter taste; nouvelle cuisine allows the addition of fruits, vegetables or spices, but usually keeps the olive oil and garlic base. Mojos are full of flavor and a great alternative to heavier, creamy sauces. You can spoon them over any grilled meat or seafood dish.

6 servings (6 oz. of fish with 2 tablespoons of salsa)

10 cloves	garlic, minced
1/4 cup	olive oil
3 tablespoons	Mexican lime juice
3 tablespoons	orange juice
2 tablespoons	parsley, chopped
6 6-oz.	sea bass fillets (or red snapper)
1 teaspoon	salt or to taste

1. Place the minced garlic along with the olive oil in a small saucepan over medium-low heat. Let the garlic cook slowly until golden brown, about 20 minutes. (Don't rush this step with high heat or the garlic will become crunchy and overcooked.)
2. Add the citrus juices and parsley. Cook another 5 minutes.
3. While the sauce is cooking, salt and pepper the fish. Place on a grill or under the broiler until done, about 3 minutes on each side, depending on the thickness of the fillets.
4. Spoon the warm Garlic Sauce over each fillet.

Calories:	206
Total fat:	7.8 g
Saturated fat:	1.5 g
Carbohydrates:	3.3 g
Fiber:	0.2 g

cont. . . .

VARIACIÓN BAJA EN GRASAS:

Bañe cada filete de robalo (lubina) con la mitad de la cantidad original de la salsa.

Agregue unos chiles serranos o jalapeños adicionales a la sartén con el jugo de los cítricos, o tueste unos chiles pasillas, córtelos en rebanadas muy finas y espolvoréelos encima del platillo.

PLANEE CON ANTICIPACIÓN:

Haga la salsa de ajo 1–2 días antes.

LOW-FAT OPTION:
Place only 1/2 the amount of sauce over each fish fillet.

Add a few chopped serrano or jalapeño chiles to the pan with the citrus juices or toast some pasilla chiles, cut in slivers, and sprinkle on top.

PLAN AHEAD:
1–2 days in advance: make the Garlic Sauce.

Guarniciones

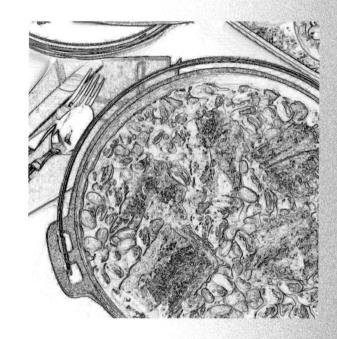

Side Dishes

CALABACITAS CON JITOMATE, ELOTE Y CHIPOTLE

Preparación: 10 min.   Cocción: 12 min.   Total: 22 min.

Si busca un complemento saludable, pero muy sabroso para las carnes a la parrilla reemplace su ensalada diaria y el brócoli al vapor con una mezcla interesante y rica de verduras. Si le sobraron algunas verduras haga una sopa ahumada añadiendo únicamente caldo de pollo.

6 porciones de 1 taza

1 cucharada	aceite de oliva
1 taza	cebolla blanca picada
2 dientes	ajo, finamente picados
4	calabacitas, partidas y cortadas a la mitad
2	jitomates picados
1 taza	elote en grano
1/4 de taza	cilantro, picado
1	chile chipotle desvenado y finamente picado (ver página 18)
1/2 cucharadita	de sal, o sal al gusto

1. En una sartén grande ponga el aceite de oliva a fuego entre medio y alto. Agregue la cebolla y el ajo. Sofría durante aproximadamente 5 minutos.

2. Añada la calabacita, los jitomates y cocine la mezcla durante 5 minutos más.

3. Agregue el elote, el cilantro, el chile chipotle y la sal. Reduzca el fuego a medio y déjelo guisarse durante unos minutos más. (Trate de no cocinar las verduras demasiado.)

VARIACIÓN BAJA EN CARBOHIDRATOS:

Substituya el elote con una taza de espinaca cocida.

Añada 1 ó 2 chiles chipotles más.

Calorías:	**93**
Total de grasas:	**2.8 g**
Grasas saturadas:	**0.4 g**
Carbohidratos:	**15 g**
Fibra:	**1 g**

168

ZUCCHINI WITH TOMATOES, CORN, AND CHIPOTLE

Preparation: 10 min.   Cook: 12 min.   Total: 22 min.

Looking for a healthy yet flavorful accompaniment for simple grilled meats? If so, replace your everyday salad and steamed broccoli with an interesting and spicy mix of vegetables. If you happen to have some left over, make it into a smoky soup just by adding chicken broth.

6 1-cup servings

1 tablespoon	olive oil
1 cup	white onion, chopped
2 cloves	garlic, minced
4	zucchini, cut in half and sliced
2	Roma tomatoes, chopped
1 cup	corn
1/4 cup	cilantro, chopped
1	chipotle chile, seeded and minced (see page 19)
1/2 teaspoon	salt or to taste

1. Place the olive oil in a large frying pan over medium-high heat. Add the onion and garlic. Sauté for about 5 minutes.
2. Add the zucchini and tomatoes. Let cook for another 5 minutes.
3. Add the corn, cilantro, chipotle chile, and salt. Lower to medium heat and allow to simmer for a few minutes more. (Try not to overcook the vegetables.)

LOW-CARB OPTION:
Substitute one cup of chopped spinach for the corn.

Add another 1–2 minced chipotle chiles.

Calories:	93
Total fat:	2.8 g
Saturated fat:	0.4 g
Carbohydrates:	15 g
Fiber:	1 g

169

Chayote relleno de verduras

Preparación: 10 min.   Cocción: 50 min.   Total: 1 hora.

El chayote es un tipo de calabaza que crece de forma silvestre en México. Es originario del país y ha sido utilizado desde tiempos prehispánicos. Existen muchas variedades de chayote, pero el que se encuentra con mayor frecuencia en los mercados mexicanos y los supermercados de Estados Unidos tiene de forma de pera, es liso, sin espinas y de color verde. El relleno que presento no es exactamente el mismo que se consume tradicionalmente, pero es más sano. Puesto que pueden añadirle tocino y queso adicional para darle mejor sazón se adapta especialmente a aquellas personas que lleven una dieta baja en carbohidratos.

8 porciones/ 1/2 por personal

4	chayotes
1 cucharada	aceite de oliva
2 dientes	ajo picados
3/4	cebolla blanca picada
1	pimiento morrón rojo picado
2	tomates guajillos picados
1/2 taza	champiñones picados
2 tazas	espinaca picada
1+1 cucharadas	cilantro picado
1/2 cucharadita	orégano seco
1/2 cucharadita	sal, o sal al gusto
1/2 taza	queso manchego rallado

1. Llene hasta la mitad una olla grande con agua y hágala hervir. Coloque los chayotes en la olla sumergiéndolos completamente, cúbralos y cuézalos durante 30 minutos, o hasta que estén suaves.

Calorías:	67
Total de grasas:	2.2 g
Grasas saturadas:	0.3 g
Carbohidratos:	9.8 g
Fibra:	1.2 g

170

cont. . . .

Vegetable-stuffed Chayote

Preparation: 10 min.   Cook: 50 min.   Total: 1 hour

Chayote is a type of squash that grows wild in Mexico. It's a native vegetable, which has been around since pre-Columbian times. There are many varieties of chayote, but the one most commonly seen in the Mexican markets and U.S. grocery stores is pear-shaped, smooth, spineless, and light green in color. The filling I've devised for this recipe isn't exactly traditional, but will be healthier than what you might normally encounter. It's especially flexible for those on low-carb diets, since you can add bacon and extra cheese to enhance the flavor.

8 servings/ 1/2 per person

4	chayotes
1 tablespoon	olive oil
2 cloves	garlic, minced
3/4 cup	white onion, chopped
1	red bell pepper, chopped
2	Roma tomatoes, chopped
1/2 cup	mushrooms, chopped
2 cups	spinach, chopped
1 + 1 tablespoons	cilantro, chopped
1/2 teaspoon	dried oregano
1/2 teaspoon	salt, or to taste
1/2 cup	Manchego cheese, shredded

1. Fill a large stock pot 1/2 full with water and bring to a boil. Place the whole chayotes inside, submerging them completely. Let cook, covered, for 30 minutes or until tender.

Calories:	67
Total fat:	2.2 g
Saturated fat:	0.3 g
Carbohydrates:	9.8 g
Fiber:	1.2 g

cont. . . .

171

2. Corte por la mitad los chayotes y retire la semilla. Quítele aproximadamente 1.25 cm de la pulpa de forma que la cáscara permanezca lo suficientemente firme para rellenarse. Pique la pulpa.

3. Caliente el horno a 180° C.

4. Ponga el aceite de oliva en una sartén mediana a fuego entre medio y alto. Cuando esté caliente agregue el ajo y luego la cebolla. Sofría durante 2 ó 3 minutos. Añada el pimiento morrón rojo y cocine unos minutos más.

5. Agregue los jitomates, champiñones y el chayote picado y cueza todo durante otros 5 minutos.

6. Añada la espinaca, el cilantro, el orégano seco y la sal y cocínelos hasta que la espinaca se vea marchita.

7. Reparta el relleno entre las 8 mitades de chayote y agrégueles una cucharada de queso encima.

8. Coloque los chayotes en un molde refractario y hornee durante 15 minutos o hasta que el queso se haya derretido.

VARIACIÓN BAJA EN CARBOHIDRATOS:

Pique 4 rebanadas de tocino y dórelas en una sartén antes de comenzar el paso 4. Retire el tocino y escurra la sartén dejando únicamente 1 cucharada de grasa. Utilícela para sofreír las verduras en lugar del aceite de oliva. (Si bien los carbohidratos no se verán afectados, las calorías aumentarán a 90.)

Duplique la cantidad de queso que se coloca encima del chayote.

VARIACIÓN BAJA EN GRASAS:

Use queso bajo en grasa.

Agregue unos cuantos chiles serranos o jalapeños picados a las verduras mientras se están cocinando.

PLANEE CON ANTICIPACIÓN:

Cueza el chayote y haga el relleno de verduras con 1 ó 2 días de anticipación.

2. Cut the chayotes in half and remove the large pit. Scoop out all but 1/2 inch of the pulp, leaving the shell firm enough to work with. Chop the reserved pulp.

3. Preheat the oven to 350° F.

4. Place the olive oil in a large frying pan over medium-high heat. When hot, add the garlic and then the onion. Sauté 2–3 minutes. Add the red bell pepper and cook another few minutes.

5. Add the tomatoes, mushrooms, and chopped chayote. Continue cooking for an additional 5 minutes.

6. Add the spinach, cilantro, dried oregano, and salt. Cook until the spinach is wilted.

7. Divide the filling among the 8 chayote halves and spoon 1 tablespoon of cheese on top of each one.

8. Place the chayote in a baking dish and cook for 15 minutes or until the cheese is melted.

LOW-CARB OPTION:

Chop 4 slices of bacon and brown in the frying pan before starting step 4. Remove the bacon and drain all but 1 tablespoon of the bacon grease. Use this for sautéing the vegetables instead of the olive oil. (Even though the carbs will remain the same, the calories go up to 90.)

Double the amount of cheese used to top the chayote.

LOW-FAT OPTION:

Use a low-fat cheese.

Add a few chopped and seeded serrano or jalapeño chiles to the vegetables when cooking.

PLAN AHEAD:

1–2 days in advance: cook the chayote, make the vegetable filling.

FRIJOLES "DE LA OLLA"

Preparación: 15 min.   Cocción: 1 y 1/2 horas.   Total: 1 hora y 3/4

La olla a la que se refiere el título de la receta es la tradicional olla de barro en la que se preparan los frijoles con ajo y cebolla. Pueden acompañar casi cualquier plato mexicano, pero van especialmente bien con bistec con salsa de aguacate, albóndigas en salsa de chipotle y bistec con rajas.

8 porciones de 1 taza

450 g	frijol seco (negro o pinto)*
10 tazas	agua
6 dientes	ajo
1	cebolla blanca picada
1 cucharada	aceite de oliva
2 cucharaditas	sal, o sal al gusto

1. Limpie los frijoles con agua fría y déjelos remojando toda la noche.

2. Escurra el agua de los frijoles. Póngalos en una olla grande con 10 tazas de agua. Agregue ajo, cebolla, aceite de oliva y sal. Hágalos hervir y luego baje el fuego a medio y déjelos cocer durante 1 hora o una hora y media hasta que estén suaves (añada más agua si es necesario).

*El frijol negro usualmente cocina más rapido que el frijol pinto.

VARIACIÓN BAJA EN CARBOHIDRATOS:
Agregue 250 g de chorizo frito a la olla cuando estén listos los frijoles.

Cuando estén casi listos los frijoles agregue 2 ó 3 chiles serranos o jalapeños, picados sin semillas.

Nota: Estos frijoles se conservan bien congelados. Haga el doble para ofrecerlos en cenas de último minuto. (No escurra el líquido antes de congelarlos.)

Calorías:	**74**
Total de grasas:	1.9 g
Grasas saturadas:	0.3 g
Carbohidratos:	11.1 g
Fibra:	0.9 g

"Pot" Beans

Preparation: 15 min.   Cook: 1 1/2 hrs.   Total: 1 3/4 hrs

"Pot" Beans refer to beans traditionally simmered in a large clay pot and accented with garlic and onions. They can accompany almost any Mexican meal, but would especially be nice with the following recipes in this cookbook: Beef in Avocado Salsa, Meatballs in Chipotle Salsa, and Steak with Roasted Poblano Chiles and Onions.

8 1-cup servings

1 pound	dried beans (pinto or black)*
10 cups	water
6 cloves	garlic, minced
1	white onion, chopped
1 tablespoon	olive oil
2 teaspoons	salt, or to taste

1. Rinse the beans in cold water and soak overnight.

2. Drain the beans. Place them in a large stock pot with the 10 cups of water. Add the garlic, onion, olive oil, and salt. Bring to a boil, then lower to medium heat and simmer 1 to 1 1/2 hours or until soft. Add more water if needed.

*Black beans usually cook faster than pinto beans.

LOW-CARB OPTION:
Add 1/2 pound of fried Mexican sausage (chorizo) to the pot when the beans are done.

When the beans are almost finished cooking, add 2–3 chopped and seeded serrano or jalapeño chiles.

Note: These beans also freeze well, so make a double batch to have on hand for last minute dinners. (Do not drain the liquid from the beans before freezing.)

Calories:	74
Total fat:	1.9 g
Saturated fat:	0.3 g
Carbohydrates:	11.1 g
Fiber:	0.9 g

175

COLIFLOR CON JITOMATES PICANTES

Preparación: 15 min.   Cocción: 25 min.   Total: 40 min.

La salsa de tomate que se usa en esta receta es una variación de las salsas que se preparan en Veracruz, en las que se realzan los ingredientes populares de España, tales como el aceite de oliva, las aceitunas y las alcaparras. No es necesario comer verduras desabridas todos los días, aún cuando usted esté a dieta. Sea creativo y agregue ajo, cebolla, aceitunas y/o chiles a su verdura favorita.

6 porciones de 1 taza

1 cucharada	aceite de oliva
2 dientes	ajo finamente picados
1/4 de taza	cebolla blanca picada
2	jitomates picados
1	chile jalapeño en vinagre picado
2 cucharadas	aceitunas verdes, deshuesadas y picadas
2 cucharadas	alcaparras picadas
1 cucharada	jugo de limón
1/2 taza	agua
1/2 cucharadita	sal, o sal al gusto
4 tazas	coliflor picada
1 cucharada	perejil picado

1. Ponga el aceite de oliva en una sartén grande a fuego entre medio y alto. Cuando esté caliente, agregue el ajo y sofríalo durante un minuto.

2. Agregue la cebolla y deje que se cueza durante 2 minutos más.

3. Añada los jitomates, el chile, las aceitunas y las alcaparras y cueza todo entre 2 y 3 minutos más.

Calorías:	63
Total de grasas:	3 g
Grasas saturadas:	0.4 g
Carbohidratos:	7 g
Fibra:	1.2 g

cont. . . .

Cauliflower with Spicy Tomatoes

Preparation: 15 min.   Cook: 25 min.   Total: 40 min.

The tomato sauce used in this recipe is a variation of the spicy sauces used in Veracruz, which highlight popular Spanish ingredients such as olive oil, capers, and olives. There's no need to have boring vegetables everyday, even if you're on a diet. Think outside the box by adding garlic, onions, olives, and/or chiles to any of your favorite vegetables.

6 1-cup servings

1 tablespoon	olive oil
2 cloves	garlic, minced
1/4 cup	chopped white onion
2	Roma tomatoes, chopped
1	jalapeño chile in vinegar, chopped
2 tablespoons	green olives, pitted and chopped
2 tablespoons	capers, chopped
1 tablespoon	Mexican lime juice
1/2 cup	water
1/2 teaspoon	salt, or to taste
4 cups	cauliflower, chopped
1 tablespoon	parsley, minced

1. Place the olive oil in a large frying pan over medium-high heat. When hot, add the garlic and sauté for one minute.
2. Add the onion and continue cooking for another 2 minutes.
3. Add the tomatoes, chile, olives, and capers. Cook for 2–3 minutes more.

Calories:	63
Total fat:	3 g
Saturated fat:	0.4 g
Carbohydrates:	7 g
Fiber:	1.2 g

cont. . . .

4. Agregue el jugo de limón, el agua, la sal y la coliflor. Revuelva. Cubra y baje el fuego a medio. Cueza moviendo de cuando en cuando, durante 15 a 20 minutos o hasta que la coliflor esté lista.

5. Incorpore el perejil.

Agregue de 2 a 3 chiles jalapeños.

PLANEE CON ANTICIPACIÓN:
Haga la salsa de tomate entre 1 y 3 días antes.

VARIACIÓN: En lugar de coliflor póngale brócoli o verduras mixtas, sólo recuerde que el tiempo de cocción podría variar.

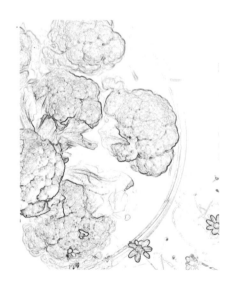

178

4. Add the lime juice, water, salt, and cauliflower. Stir. Cover and lower to medium heat. Cook, stirring occasionally, for 15–20 minutes or until the cauliflower is done.

5. Stir in the parsley.

 Add 2–3 jalapeño chiles.

PLAN AHEAD:
1–3 days in advance: make the tomato sauce.

VARIATION: Substitute broccoli or mixed vegetables for the cauliflower. Just remember, the cooking time may need to be adjusted.

Ejotes a la mexicana

Preparación; 10 min.   Cocción: 25 min.   Total: 35 min.

Esta es una forma de agregarle chispa a los ejotes que comemos todos los días. También puede utilizar esta receta con brócoli, chayote, calabacitas, coliflor o una mezcla de estas verduras. Agregue chiles picados para darle más sabor.

6 porciones de 1 taza

1 cucharada	de aceite de oliva
1/2	cebolla blanca picada
2	jitomates picados
1/2 taza	agua
1/2 cucharadita	sal, o sal al gusto
450 g	ejotes, cortados en dos
2 cucharadas	cilantro picado

1. Ponga el aceite de oliva en una sartén grande a fuego entre medio y alto. Cuando esté caliente agregue el ajo y sofríalo durante un minuto.

2. Agregue la cebolla y deje que se cueza durante 2 minutos más.

3. Añada los jitomates. Cueza durante 2 a 3 minutos más.

4. Agregue el agua, la sal y los ejotes. Mezcle todo. Cubra y baje el fuego a medio. Cocine entre 15 ó 20 minutos adicionales, o hasta que esté listo, removiendo de cuando en cuando.

5. Agregue el cilantro.

 Agregue 1 o 2 chiles serranos o jalapeños picados.

Calorías:	65
Total de grasas:	2.5 g
Grasas saturadas:	0.3 g
Carbohidratos:	8.7 g
Fibra:	1.2 g

Green Beans a la Mexicana

Preparation: 10 min.   Cook: 25 min.   Total: 35 min.

Here's a great way to add some zing to plain old, everyday green beans. You can also try this same recipe with broccoli, chayote, zucchini, cauliflower, or a mixture of these vegetables. Add some chopped chiles for an extra punch!

6 1-cup servings

1 tablespoon	olive oil
1 clove	garlic
1/2	white onion, chopped
2	Roma tomatoes, chopped
1/2 cup	water
1/2 teaspoon	salt, or to taste
1 pound	green beans, trimmed and cut in half
2 tablespoons	cilantro, chopped

1. Place the olive oil in a large frying pan over medium-high heat. When hot, add the garlic and sauté for one minute.
2. Add the onion and continue cooking for another 2 minutes.
3. Add the tomatoes. Cook for about 2–3 minutes more.
4. Add the water, salt, and green beans. Stir. Cover and lower to medium heat. Cook, stirring occasionally for 15–20 minutes or until done.
5. Stir in the cilantro.

 Add 1–2 chopped serrano or jalapeño chiles.

Calories:	**65**
Total fat:	**2.5 g**
Saturated fat:	**0.3 g**
Carbohydrates:	**8.7 g**
Fiber:	**1.2 g**

181

Postres

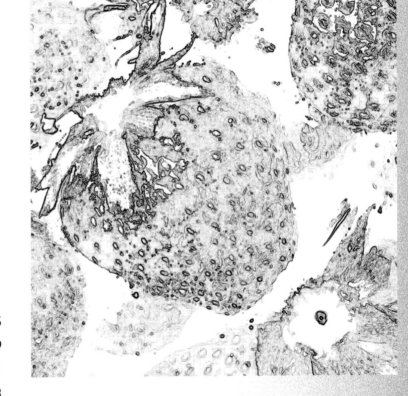

Desserts

Mousse de mango

Preparación: 15 min. Cocción: 0 min. Total: 15 min.

Este postre es muy refrescante y no es necesario agregarle azúcar por la dulzura natural del mango. Es una excelente opción para aquellos que padecen diabetes y para aquellos que prefieren que sus alimentos, incluyendo su postre, sea lo más natural posible. A esta mezcla de puré de frutas y crema batida los ingleses le llaman "fool" (bufón, o tonto) y su origen se remonta al siglo XVI.

4 porciones de 120 g cada una

2	mangos maduros picados
2 cucharaditas	jugo de limón
1/4 de cucharadita	nuez mozcada
1/4 de cucharadita	canela
1/2 taza	crema batida
1/2 cucharadita	vainilla

1. Ponga los mangos, el jugo de limón, la nuez mozcada y la canela en un procesador de alimentos. Muélalos oprimiendo el botón intermitente del procesador, para que la mezcla no sea homogénea, sino que contenga trozos.
2. En un platón grande, bata la crema con la vainilla hasta que se formen picos suaves. Integre cuidadosamente la crema al puré de mango.
3. Con una cuchara reparta en platos individuales.
4. Sirva inmediatamente, o refrigere.

Calorías:	121
Total de grasas:	7.6 g
Grasas saturadas:	4.6 g
Carbohidratos:	12.6 g
Fibra:	0.6 g

MANGO MOUSSE

Preparation: 15 min.   Cook: 0 min.   Total: 15 min.

This refreshing dessert has no added sugar, just the natural sweetness of the mangoes. It's a great choice for diabetics and for those who would like to keep their food, even their sweets, as natural as possible. The English call this mixture of puréed fruit and whipped cream a "fool," with its origin dating back to the 1500s.

4 4-oz. servings

2	ripe mangoes, chopped
2 teaspoons	Mexican lime juice
1/4 teaspoon	nutmeg
1/4 teaspoon	cinnamon
1/2 cup	whipping cream
1/2 teaspoon	vanilla

1. Place the mangoes, lime juice, nutmeg, and cinnamon in a food processor. Purée using the pulse button, so the mixture remains chunky.

2. In a large bowl, beat the whipping cream and vanilla to soft peaks. Gently fold into the mango purée.

3. Spoon into individual dishes.

4. Serve immediately or refrigerate.

LOW-CARB OPTION:
Substitute some lower-carb berries, such as strawberries, blueberries, or blackberries for the mangoes.

Calories:	121
Total fat:	7.6 g
Saturated fat:	4.6 g
Carbohydrates:	12.6 g
Fiber:	0.6 g

BAJA EN CARBOHIDRATOS

Sustituya los mangos con alguna fruta que contenga menos carbohidratos, tal como fresa, arándano, o zarzamora.

BAJA EN GRASAS

En lugar de la crema batida use yogurt sabor vainilla y el total de grasa baja a 0.8 gramos, las calorías a 63 (dependiendo de la marca de yogurt).

PLANEE CON ANTICIPACIÓN:

Prepare el mousse 1 ó 2 días antes.

186

LOW-FAT OPTION:
Replace the whipping cream with vanilla yogurt, and the total fat drops to 0.8 grams, the calories to 63 (depending on the brand of yogurt).

PLAN AHEAD:
1–2 days in advance: make the mousse.

FRESAS CON CREMA

Preparación: 10 min.   Cocción: 0 min.   Total: 10 min.

Las fresas con crema se venden en carritos en la calle. La crema es de hecho leche condensada con azúcar y no la crema batida y esponjosa que sugerimos usar en esta receta. La crema se vierte sobre fresas maduras y frescas que se recogieron unos cuantos días antes en Irapuato, capital de la fresa, en el centro de México. El secreto de este postre tan sencillo es simplemente seleccionar las fresas más dulces y mejores que haya.

6 porciones de 1 taza

450 g	de fresas
1 taza	de crema batida
1 cucharadita	de vainilla

1. Corte las fresas en rebanadas.
2. En un platón grande bata la crema con la vainilla hasta que se formen picos suaves.
3. Mezcle las fresas con la crema batida y divida el contenido en 6 platos para postre.

VARIACIÓN BAJA EN GRASAS:

Sustituya la crema para batir con yogurt sabor vainilla y el total de grasas se reduce a 1.5 gramos, las calorías a 50 (dependiendo de la marca del yogurt).

Calorías:	166.5
Total de grasas:	15 g
Grasas saturadas:	9.2 g
Carbohidratos:	6.6 g
Fibra:	0.4 g

STRAWBERRIES AND CREAM

Preparation: 10 min.   Cook: 0 min.   Total: 10 min.

Food vendors in Mexico sell strawberries and cream from sidewalk push carts. The cream is actually sweetened condensed milk, not the fluffy whipped cream called for in this recipe. It's poured over fresh, perfectly ripened berries, picked only days before in the strawberry capital of Irapuato in central Mexico. The secret to this plain and simple dessert is to choose the best, sweetest strawberries available.

6 1-cup servings

1 pound	strawberries
1 cup	whipping cream
1 teaspoon	vanilla

1. Slice the strawberries.
2. In a large bowl, beat the whipping cream and vanilla to soft peaks.
3. Fold the strawberries into the whipped cream. Divide into 6 dessert dishes.

LOW-CARB OPTION:
Replace the whipping cream with vanilla yogurt and the total fat drops to 1.5 grams, the calories to 50 (depending on the brand of yogurt).

Calories:	166.5
Total fat:	15 g
Saturated fat:	9.2 g
Carbohydrates:	6.6 g
Fiber:	0.4 g

189

ENSALADA DE FRUTAS CON TEQUILA

Preparation: 15 min.   Cook: 0 min.   Total: 15 min.

El tequila, la bebida nacional de México, se puede utilizar en la preparación de alimentos, así como de postres. Esta receta es fácil y rápida, y el tequila le agrega la chispa que generalmente no se encuentra en las ensaladas de fruta. Escoja la mejor fruta y la más madura y de esta forma no será necesario añadir azúcar.

4 porciones de 1 taza

1 taza	mango picado
1 taza	piña picada
1 taza	papaya picada
1 taza	melón (cantalupo) picado
1/4 de taza	tequila blanco
2 cucharadas	menta fresca finamente picada

1. Coloque la fruta picada en un platón grande. Agregue el tequila y la menta. Mezcle todo bien.

2. Divida la fruta en 4 platones para postre.

VARIACIÓN BAJA EN CARBOHIDRATOS:

Cambie la fruta por fresas, sandía, jícama y melón (cantalupo) y de esta forma los carbohidratos se reducirán a 13.

Calorías:	130
Total de grasas:	0.6 g
Grasas saturadas:	0.1 g
Carbohidratos:	21 g
Fibra:	1.1 g

Fruit Salad with Tequila

Preparation: 15 min.   Cook: 0 min.   Total: 15 min.

Tequila, the national drink of Mexico, can be incorporated into foods as well as desserts. This recipe is quick and simple, with the tequila providing an added zing not normally found in fruit salads. Choose the best, ripest fruit available, and added sugar won't be necessary.

4 1-cup servings

1 cup	mango, chopped
1 cup	pineapple, chopped
1 cup	papaya, chopped
1 cup	cantaloupe, chopped
1/4 cup	white tequila
2 tablespoons	fresh mint, minced

1. Place all the chopped fruit in a large bowl. Add the tequila and mint. Mix well.
2. Divide into 4 dessert bowls.

LOW-CARB OPTION:

Change the combination of fruit to strawberries, watermelon, jicama, and cantaloupe and the carbs will drop to 13 g.

Calories:	130
Total fat:	0.6 g
Saturated fat:	0.1 g
Carbohydrates:	21 g
Fiber:	1.1 g

MANGOS CON BRANDY

Preparación: 10 min.   Cocción: 0 min.   Total: 10 min.

Los mangos dulces y deliciosos son un postre sin igual y no necesitan que se les agregue azúcar. Son ricos en vitaminas A y C, así como beta-carotena. Este postre, sencillo y elegante es perfecto para cualquier persona que se preocupe por la ingesta de grasas o de calorías.

4 porciones de 1 taza

2	mangos maduros
1 cucharada	jugo de limón
1 cucharada	brandy
1/2 cucharadita	ralladura de limón

1. Pele los mangos. Corte la carne de cada lado y quite el hueso. Corte la carne en tiras de 2.5 cm y póngalas en un platón mediano.
2. Agregue el jugo de limón y el brandy. Mezcle todo.
3. Divida en 4 porciones y espolvoree la ralladura de limón.

VARIACIÓN BAJA EN CARBOHIDRATOS:

Sustituya con frutas de bajas calorías, como por ejemplo, fresas, arándanos o zarzamoras. Siéntase en libertad de agregar una cucharada de crema batida sin azúcar.

Calorías:	85
Total de grasas:	0.3 g
Grasas saturadas:	0.1 g
Carbohidratos:	12.9 g
Fibra:	0.9 g

BRANDIED MANGOES

Preparation: 10 min.   Cook: 0 min.   Total: 10 min.

Sweet, succulent mangoes make a great dessert, without any added sugar. They are rich in vitamins A and C, as well as beta-carotene. This simple yet elegant dessert is perfect for anyone watching his fat or calorie intake.

4 1-cup servings

2	ripe mangoes
1 tablespoon	Mexican lime juice
1 tablespoon	brandy
1/2 teaspoon	lime zest

1. Peel the mangoes. Remove the pit by slicing the flesh from each side. Cut into 1-inch strips and place in a medium-size bowl.
2. Add the lime juice and brandy. Stir.
3. Divide into 4 portions and sprinkle with the lime zest.

LOW-CARB OPTION:
Substitute low-carb berries, such as strawberries, blueberries, or blackberries, for the mangoes. Feel free to garnish with a dollop of unsweetened whipped cream.

Calories:	85
Total fat:	0.3 g
Saturated fat:	0.1 g
Carbohydrates:	12.9 g
Fiber:	0.9 g

Bebidas

Beverages

Agua fresca de melón

Preparación: 10 min.   Cocción: 0 min.   Total: 10 min.

Las aguas frescas son muy comunes en México. Por lo general se venden en enormes jarras (llamadas 'vitrolas') en los mercados y en muchos restaurantes. Las aguas frescas pueden hacerse de casi cualquier fruta. Elegí el melón por que tiene menos carbohidratos que otras frutas más dulces. Recuerde que debe escoger el melón cuidadosamente y evitar los que están muy verdes, que por lo general son los que ofrece la mayor parte de los supermercados principales. Deben ser suficientemente dulces para hacer una bebida deliciosa sin tener que añadir azúcar. Afortunadamente en México los mercados y tiendas aún cuentan con fruta y verdura con el grado de madurez exacto, por lo que las aguas frescas constituyen un alimento básico.

4 vasos de 240 ml

2 tazas	melón o melón chino
4 tazas	agua fría

1. Ponga la fruta y el agua en la licuadora y haga puré.
2. Cuele el agua en los vasos. Sirva inmediatamente.

Variación
Pruébelo agregando 1/8 ó 1/4 de taza de menta si desea un sabor muy refrescante.

Calorías:	56
Total de grasas:	0.2 g
Grasas saturadas:	0 g
Carbohidratos:	12.7 g
Fibra:	0.3 g

FRESH MELON WATER

Preparation: 10 min.   Cook: 0 min.   Total: 10 min.

Fresh fruit waters are common treats all over Mexico. They're usually sold in large glass jars in the markets and also in many restaurants. Fruit waters allow you to use just about any fruit. I focused on melons in this recipe since they are lower in carbohydrates than other, more sugary fruits. Remember to choose the melons carefully and avoid the under-ripe offerings of most mainstream supermarkets. They should have enough natural sweetness to make a wonderful beverage without adding sugar. Luckily, in Mexico, the markets and stores are still full of perfectly ripened fruits and vegetables, making fruit waters a national staple.

4 8-oz. servings

| 2 cups | cantaloupe or honeydew melon, chopped |
| 4 cups | cold water |

1. Purée the fruit and water together in a blender.
2. Strain into a glass. Serve immediately.

VARIATION:
Try adding 1/8–1/4 cup of chopped mint for a fresh, cool flavor.

Calories:	**56**
Total fat:	**0.2 g**
Saturated fat:	**0 g**
Carbohydrates:	**12.7 g**
Fiber:	**0.3 g**

AGUA DE JAMAICA

Preparación: 5 min.   Cocción: 20 min.   Total: 35 min.

Esta bebida refrescante es deliciosa caliente o fría y es muy sana por su alto contenido de vitaminas A y C. La jamaica es un pariente cercano del hibisco, que crece en el sur de México y se cosecha únicamente una vez al año. Puede comprarla en tiendas locales grandes o en el mercado. También la encuentra en mercados especializados en alimentos para hispanos en todo Estados Unidos. Normalmente el agua de jamaica lleva mucha más azúcar de la que especifica esta receta, así que no se sorprenda si su sabor es más ácido.

1 galón–4 litros

2 tazas	flores de Jamaica
4 litros	agua
2 rajitas	canela
4	clavos de olor
1/4 de taza	menta fresca
1/4 de taza	azúcar o miel

1. Ponga las flores de jamaica en el agua con las rajitas de canela, los clavos de olor y la menta en una olla grande y caliente hasta que hierva. Déjela hervir durante aproximadamente 5 minutos, luego baje el fuego y deje cocer durante 15 minutos más.

2. Agregue el azúcar y revuelva hasta que se disuelva.

3. Cuele el agua, quite las flores y guárdelas.*

4. Sírvase como te caliente o refrigere.

* Puede volver a utilizar las flores de jamaica. Guárdelas en el refrigerador y le durarán hasta una semana. Cuando vuelva a usarlas ponga únicamente la mitad del agua que aparece en esta receta en la olla.

Calorías:	30
Total de grasas:	0 g
Grasas saturadas:	0 g
Carbohidratos:	7.1 g
Fibra:	0.1 g

HIBISCUS WATER

Preparation: 5 min.   Cook: 20 min.   Hold: 10 min.   Total: 35 min.

This refreshing drink is great hot or cold and extremely healthy with its high levels of vitamins A and C. *Jamaica* is a close relative of hibiscus, grown in southern Mexico and harvested only once a year. Locally you can buy it in larger grocery stores or at the market. You can also find it in Latin markets throughout the United States. Normally, Jamaica contains much more sugar than this recipe allows, so don't be surprised by its tartness.

1 gallon

2 cups	Jamaica flowers
1 gallon	water
2	cinnamon sticks
4	cloves
1/4 cup	fresh mint
1/4 cup	sugar or honey

1. Place the Jamaica flowers with the water, cinnamon sticks, cloves, and mint in a large stock pot and bring to a boil. Allow to boil for about 5 minutes, then lower the flame and simmer for another 15 minutes.
2. Add the sugar and stir until dissolved. Let sit for another 10 minutes.
3. Strain the water and set the Jamaica flowers aside.*
4. Serve as a warm tea or refrigerate.

*You can reuse the Jamaica flowers. Just place them in the refrigerator and they will hold for up to a week. When you reuse them, place only half the amount of water called for in the recipe into the stock pot.

Calories:	30
Total fat:	0 g
Saturated fat:	0 g
Carbohydrates:	7.1 g
Fiber:	0.1 g

BEBIDA REFRESCANTE DE PEPINO Y MENTA

Preparación: 10 min.   Cocción: 0 min.   Total: 10 min.

Tanto el pepino como la menta son muy refrescantes, ¿por qué no combinarlos para crear una bebida exquisita para el verano? Si se le agrega jugo de limón a la receta aumenta la vitamina C y además resulta un contraste interesante con el sabor ríspido del pepino.

4 vasos de 240 ml

2	pepinos grandes, pelados y partidos en trozos grandes
4 tazas	agua fría
2 cucharadas	menta fresca
1 y 1/2 cucharadas	jugo de limón

1. Ponga los pepinos, el agua fría y la menta fresca en la licuadora y muela todo hasta hacerlo puré.
2. Cuele la mezcla y póngala en una jarra. Añada el jugo de limón. Sirva inmediatamente.

Calorías:	28
Total de grasas:	0.2 g
Grasas saturadas:	0.1 g
Carbohidratos:	5.6 g
Fibra:	1 g

200

Cucumber Mint Cooler

Preparation: 10 min.   Cook: 0 min.   Total: 10 min.

There's something so cool and refreshing about cucumbers and mint, so why wouldn't they make an irrestible summer drink? The fresh Mexican lime juice added to the recipe gives you a boost of vitamin C, as well as a nice contrast to the crisp cucumber flavor.

4 8-oz. servings

2	large cucumbers, peeled and roughly chopped
4 cups	cold water
2 tablespoons	fresh mint
1 1/2 tablespoons	fresh Mexican lime juice

1. Place the cucumbers in a blender. Add the cold water and fresh mint. Purée.
2. Strain into a pitcher. Add the lime juice. Serve immediately.

Calories:	28
Total fat:	0.2 g
Saturated fat:	0.1 g
Carbohydrates:	5.6 g
Fiber:	1 g

Agua de apio

Preparación: 10 min.   Cocción: 0 min.   Total: 10 min.

¿En cuántas ocasiones ha comprado un hermoso ramo de apio y enseguida ha tirado las frondosas hojas verde oscuro? ¿Sabía usted que estas hojas contienen una enorme cantidad de elementos nutritivos y que pueden utilizarse tanto para cocinar como para hacer una sabrosa bebida? Pruebe esta refrescante agua de verdura y en poco tiempo se olvidará de los refrescos embotellados.

4 vasos de 240 ml

4 tazas	hojas de apio
4 tazas	agua fría
2 cucharaditas	jugo de limón, fresco

1. Coloque únicamente las hojas de apio lavadas, sin los tallos, en una licuadora y añada agua fría. Lícuelos hasta hacerlos puré.
2. Cuélelos en una jarra y añada el jugo de limón. Sirva inmediatamente.

Nota: En general en México todas las bebidas de frutas y verduras se endulzan con azúcar. Cuando les di a probar esta receta a los empleados de mi cocina, me recordaban una y otra vez que debía endulzarla, puesto que de otra forma el agua no tendría buen sabor. A nadie le interesaban mis aguas sin azúcar cuando las ofrecía. Si comparte esta forma de pensar y prefiere las bebidas dulces, añada azúcar al gusto a todas las recetas de bebidas que contiene este libro de cocina; ¡Sin embargo recuerde que la información nutricional que aparece al final de la receta cambiará radicalmente, ya que aumentarán tanto las calorías como los carbohidratos!

Calorías:	**25**
Total de grasas:	**0.2 g**
Grasas saturadas:	**0 g**
Carbohidratos:	**5 g**
Fibra:	**1.0 g**

202

CELERY WATER

Preparation: 10 min.   Cook: 0 min.   Total: 10 min.

How many times have you bought a beautiful bunch of celery and then discarded the dark, healthy green leaves? Did you even know that the leaves hold an abundance of nutrients and can be used in cooking or in creating a tasty beverage? Try this refreshing vegetable drink, and soon you will be able to leave the sodas behind.

4 8-oz. servings

4 cups	celery leaves
4 cups	cold water
2 tablespoons	fresh Mexican lime juice

1. Place the washed celery leaves, without the stalks, in a blender and add the cold water. Purée.
2. Strain into a pitcher. Add the lime juice. Serve immediately.

Note: In Mexico, generally all the fruit and vegetable drinks are sweetened with sugar. When I tested this recipe with my kitchen staff, they repeatedly reminded me to add the sugar, that the water would be no good without it. When it came time to try my sugarless beverage no one was interested. If you share this philosophy and prefer a sweeter beverage, add sugar to taste for all the beverages in this cookbook; however, remember that the nutritional information will drastically change. Up go the carbohydrates and calories!

Calories:	25
Total fat:	0.2 g
Saturated fat:	0 g
Carbohydrates:	5 g
Fiber:	1 g

203

Agua de amaranto

Preparación: 5 min. Cocción: 0 min. Total: 5 min.

El amaranto es una excelente fuente de hierro y calcio y contiene más aminoácidos esenciales que cualquier otro alimento vegetal. Tiene un sabor un tanto dulce y a pimienta, por lo que no es necesario añadirle azúcar. Consulte la receta baja en grasas si quiere agregarle más chispa a esta sana bebida.

4 vasos de 240 ml

1 y 1/2 tazas	amaranto inflado*
4 tazas	agua
	miel (opcional)

1. En una batidora licue el amaranto con el agua.
2. Cuélelo a una jarra y sírvala inmediatamente.

VARIACIÓN BAJA EN CARBOHIDRATOS:
Agregue una taza de fresas.

VARIACIÓN BAJA EN GRASAS:
Agregue una taza de su fruta favorita.

*El amaranto inflado se puede conseguir en casi cualquier tienda naturista en los Estados Unidos.

Calorías:	**40**
Total de grasas:	**0.7 g**
Grasas saturadas:	**0.2 g**
Carbohidratos:	**6.9 g**
Fibra:	**0.4 g**

AMARANTH WATER

Preparation: 5 min.   Cook: 0 min.   Total: 5 min.

Amaranth is a great source of iron and calcium and contains more essential amino acids than any other plant food. It has a somewhat sweet, peppery flavor, making the addition of sugar in this recipe unnecessary. Look at the low-fat version below if you would like to add a little more zing to this healthy beverage.

4 8-oz. servings

1 1/2 cups	puffed amaranth*
4 cups	water
	honey, optional

1. Purée the amaranth and water together in a blender.
2. Strain into a pitcher. Add honey to taste. Serve immediately.

LOW-CARB OPTION:
Add one cup of strawberries.

LOW-FAT OPTION:
Add one cup of your favorite fruit.

*Puffed amaranth can be found in almost any health food store in the U.S.

Calories:	**40**
Total fat:	**0.7 g**
Saturated fat:	**0.2 g**
Carbohydrates:	**6.9 g**
Fiber:	**0.4 g**

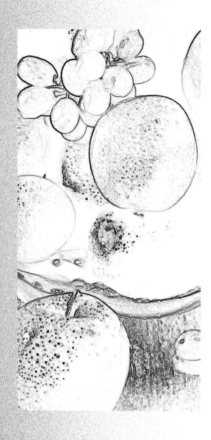

Cómo planear una fiesta con anticipación

BUFFET PARA UNA FIESTA MEXICANA

Guacamole

Ensalada de nopalitos asados

Jícama con chile ancho en polvo

Albóndigas en salsa de chipotle

Camarones con pipián verde

Tinga de pollo

Frijoles de la olla

Calabacitas con jitomates, elotes y chipotle

Tortillas de maíz

Agua de jamaica

Ensalada de frutas con tequila

3 días antes	2 días antes	1 día antes
• Cocine la salsa de semillas de calabaza (sin incluir los camarones). • Ponga a remojar los frijoles.	• Haga el agua de jamaica. • Prepare la tinga de pollo. • Cueza los frijoles.	• Prepare la ensalada de nopalitos. • Haga las albóndigas. • Prepare las calabacitas.

206

Do-Ahead Party Planning

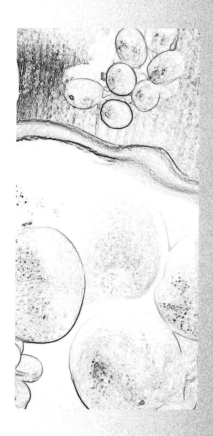

MEXICAN FIESTA BUFFET

Guacamole
Roasted Cactus Salad
Jicama with Ancho Chile Powder
Meatballs in Chipotle Salsa
Shrimp with Green Pipián
Chicken Tinga
"Pot" Beans
Zucchini with Tomatoes, Corn, and Chipotle
Corn Tortillas

Hibiscus Water

Fruit Salad with Tequila

3 Days in Advance	2 Days in Advance	1 Day in Advance
• Make the pumpkin seed sauce (without the shrimp). • Soak the beans.	• Make the hibiscus water. • Make the chicken tinga. • Cook the beans.	• Prepare the cactus salad. • Make the meatballs. • Make the zucchini.

8 horas antes	**Antes de servir**
• Prepare la ensalada de fruta. • Cueza los camarones. • Corte la jícama en rebanadas.	• Haga el guacamole. • Agregue los camarones a la salsa de semilla de calabaza cuando la caliente. • Caliente las albóndigas, la tinga, los frijoles y las calabacitas. • Caliente algunas tortillas. • Espolvoree chile ancho sobre la jícama.

ALMUERZO DE VERANO

(3 platos)

Refresco de pepino y menta

Sopa de limón con cilantro

Chiles poblanos rellenos de ensalada de camarón

Mangos al brandy

8 Hours in Advance	**Before Serving**
• Prepare the fruit salad. • Cook the shrimp. • Cut the jicama into strips.	• Make the guacamole. • Add the shrimp to the pumpkin seed sauce when heating. • Heat the meatballs, tinga, beans, and zucchini. • Heat some corn tortillas. • Sprinkle ancho chile powder on the jicama.

SUMMER BRUNCH
(3 courses)

Cucumber Mint Cooler

Lime and Cilantro Soup

Shrimp Salad-Stuffed Poblano Chiles

Brandied Mangoes

2 días antes	1 día antes	Antes de servir
• Ase y desvene los chiles poblanos. • Haga el caldo de pollo.	• Prepare la sopa. • Prepare la ensalada de camarón.	• Prepare el refresco de pepino y menta. • Rellene los chiles. • Haga los mangos al brandy.

CENA MENÚ 1

(4 platos)

Sopa de chayote y chile poblano

Ensalada de ceviche de camarón

Lomo de cerdo con salsa de mango y chipotle

Ejotes a la mexicana

Ensalada de fruta con tequila

2 días antes	1 día antes	Antes de servir
• Ase y desvene los chiles poblanos. • Prepare el caldo de pollo.	• Prepare la sopa. • Prepare el ceviche. • Haga la salsa de mango y chipotle. • Haga los ejotes.	• Cocine el lomo de cerdo. • Haga la ensalada de ceviche. • Prepare la ensalada de fruta.

2 Days in Advance	1 Day in Advance	Before Serving
• Roast and clean the poblano chiles. • Make the chicken broth.	• Make the soup. • Make the shrimp salad.	• Make cucumber mint cooler. • Assemble the chiles rellenos. • Prepare the brandied mangoes.

DINNER PARTY—MENU I

(4 courses)

Chayote and Chile Poblano Soup

Shrimp Ceviche Salad

Pork Loin with Mango-Chipotle Salsa

Green Beans a la Mexicana

Fruit Salad with Tequila

2 Days in Advance	1 Day in Advance	Before Serving
• Roast and clean the poblano chiles. • Make the chicken broth.	• Make the soup. • Prepare the ceviche. • Make the mango-chipotle salsa. • Make the green beans.	• Cook the pork loin. • Assemble the ceviche salad. • Prepare the fruit salad.

CENA MENÚ II

(3 platos)

Sopa de frijol negro

Carne asada con rajas

Champiñones al ajillo

Ensalada de nopalitos asados

Mousse de mango

2 días antes	1 día antes	Antes de servir
• Ase y desvene los chiles poblanos. • Prepare las rajas. • Haga el caldo de pollo. • Ponga a remojar los frijoles. • Tueste los chiles pasilla para los champiñones al ajillo.	• Haga la sopa. • Prepare la ensalada de nopalitos. • Haga el mousse mango.	• Cocine la carne. • Prepare los champiñones al ajillo y agregue los chiles pasilla.

DINNER PARTY—MENU II

(3 courses)

Black Bean Soup

Steak with Roasted Poblano Chiles and Onion

Garlicky Mushrooms

Roasted Cactus Salad

Mango Mousse

2 Days in Advance	1 Day in Advance	Before Serving
• Roast and clean the poblano chiles. • Make the rajas. • Make the chicken broth. • Soak the beans. • Toast the pasilla chiles for the garlicky mushrooms.	• Make the soup. • Prepare the cactus salad. • Make the mango mousse.	• Cook steaks. • Prepare garlicky mushrooms, add pasilla chiles.

Conversión Métrica

MEDIDAS DE VOLUMEN (en seco - harina)

1/4 de taza= 35 g

1/3 de taza = 47 g

1/2 taza = 70 g

3/4 de taza = 105 g

1 taza = 140 g

MEDIDAS DE VOLUMEN (en seco - azúcar)

1/4 de taza= 48 g

1/3 de taza = 63 g

1/2 taza = 95 g

3/4 de taza = 143 g

1 taza = 190 g

MEDIDAS DE VOLUMEN (líquidos)

4 onzas (1/2 taza) = 120 ml

8 onzas (1 taza) = 240 ml

16 onzas (2 tazas) = 480 ml

32 onzas = 960 ml = .96 litros

PESOS (masa)

1 onza = 30 g

3 onzas = 90 g

4 onzas = 120 g

8 onzas = 240 g

10 onzas = 285 g

12 onzas = 340 g

16 onzas = 1 libra = 454 g

DIMENSIONES

1/4 de pulgada = 6 mm

1/2 pulgada = 1.25 cm

3/4 de pulgada = 2 cm

1 pulgada = 2.5 cm

TEMPERATURAS/HORNO

32°F = 0°C

68°F = 20°C

212°F = 100°C

325°F = 160°C

350°F = 180°C

375°F = 190°C

400°F = 200°C

425°F = 220°C

450°F = 230°C

Metric Conversion

MEASUREMENTS (dry - powder)

1/4 cup = 35 g

1/3 cup = 47 g

1/2 cup = 70 g

3/4 cup = 105 g

1 cup = 140 g

MEASUREMENTS (dry - granular)

1/4 cup = 48 g

1/3 cup = 63 g

1/2 cup = 95 g

3/4 cup = 143 g

1 cup = 190 g

VOLUME MEASUREMENTS (fluid)

4 fluid ounces (1/2 cup) = 120 ml

8 fluid ounces (1 cup) = 240 ml

16 fluid ounces (2 cups) = 480 ml

32 fluid ounces (1 quart)
  = 960 ml (.96 liters)

WEIGHTS (mass)

1 ounce = 30 g

3 ounces = 90 g

4 ounces = 120 g

8 ounces = 240 g

10 ounces = 285 g

12 ounces = 340 g

16 ounces = 1 pound = 454 g

DIMENSIONS

1/4 inch = 6 mm

1/2 inch = 1.25 cm

3/4 inch = 2 cm

1 inch = 2.5 cm

OVEN TEMPERATURES

$32°F = 0°C$

$68°F = 20°C$

$212°F = 100°C$

$325°F = 160°C$

$350°F = 180°C$

$375°F = 190°C$

$400°F = 200°C$

$425°F = 220°C$

$450°F = 230°C$

BIBLIOGRAFÍA

Center for Science in the Public Interest. URL: www.cspinet.org

Kennedy, Diana. *From My Mexican Kitchen: Techniques and Ingredients*. New York: Clarkson Potter Publishers, 2003.

Kiple, Kenneth F., and Kriemhild Coneé Ornelas. *The Cambridge World History of Food*. Cambridge: Cambridge University Press, 2000.

Newman, Cathy. "Why Are We So Fat?" *National Geographic*, August 2004, 46–54.

Sources

The recipes in this cookbook are from my own kitchen, but the following sources have been most helpful in writing this book, especially the Introduction and "Secrets of Healthy Eating."

Center for Science in the Public Interest. URL: www.cspinet.org

Kennedy, Diana. *From My Mexican Kitchen: Techniques and Ingredients.* New York: Clarkson Potter Publishers, 2003.

Kiple, Kenneth F., and Kriemhild Coneé Ornelas. *The Cambridge World History of Food.* Cambridge: Cambridge University Press, 2000.

Newman, Cathy. "Why Are We So Fat?" *National Geographic*, August 2004, 46–54.

INDEX

INDEX